대화의 심리학 시리즈 2

# 자기주장의 심리학

리 · 더 · 가 · 되 · 는 · 대 · 화 · 의 · 기 · 술

대화의 심리학 시리즈 2

# 자기주장의 심리학

홍경자 지음

INNER
BOOKS 이너북스

유교적 가치관의 영향을 받아 온 한국인에게는 남을 배려하고 자신을 양보하는 미덕이 있다. 그러나 장유유서, 남녀유별, 충효 사상에 대한 올바른 이해가 부족한 탓일까? 우리 조상들 중에는 평소에 자기가 하고 싶은 말을 하지 못하고 참고 지낸 결과로 가슴에 한(恨)이 맺히고, 만성적인 질병으로 고통받는 사람들이 너무 많았다. 그러다가 참고 지내는 것이 한계에 이르면 걷잡을 수 없는 분노와 증오로 폭발하여 피차간에 상처를 입게 된다.

1978년 유학시절 당시 나의 룸메이트는 오스트리아에서 온 대학원생 F였다. F는 지금도 나의 절친한 친구 중의 한 사람이다. 우리는 일주일에 한 번씩 번갈아 가면서 청소를 하기로 원칙을 세웠다. 그런데 F는 첫 번째 주간에만 청소하기를 실천했고 두 달이 다 되어 가도록 일체 청소를 하지 않았다. 나이가 훨씬 많은 나는 투덜거리면서 청소를 도맡아 했다. 그리고 가끔씩 밥을 짓는 일도 아예 내가 도맡다시피 했다. 얼마 동안을 참은 다음에 드디어 하루는 내가 폭발하여 F를 비난하였다. 그런데 F는 깜짝 놀라며 왜 진작 자기가 청소하는 날이면 그때마다 말해 주지 않았느냐는 것이다. 결국 참고 지내다가 갑자기 화를 내면서 비난하는 나의 대화방식이 오히려 미성숙하게 비쳤다. 내가 소리내어 껌을 씹고 있으면 F는 지체하지 않고 자기 귀에 거슬린다는 말을 담담한 어조로 말하곤 했다. 나는 F에게서 자기주장하는 법을 배운 이후로 F나 서양 친구들에게 예전보다는 훨씬 더 솔직한 자기표현을 할 수 있게 되었다.

그런데 한국에 와서는 그것이 용이하지가 않았다. 가정에서 시부모님이나 남편에게는 번번이 의사표명을 하지 못했고 억울한 감정이 누적되면 끝내는 크게 언쟁하거나 앓아 눕곤 하였다. 동료 교수와의 관계에서도 비슷했다. 나와 절친한 동료 M은 나를 만날 때마다 자기와 사이가 좋지 않은 어떤 사람에 대한 불만을 장시간 털어놓았다. 내가 그의 이야기를 들어주는 것이 한계점에 도달했음에도 불구하고 나는 F처럼 그 소리가 내 귀에 거슬리니까 그만 중단하라는 말을 차마 하지 못하고 참았다. 그러다가 어느 날 뜬금없이 나는 다른 사람 앞에서 M에게 면박을 주었다. 정작 M에게 말해야 할 시기에는 입을 다물고 있다가 엉뚱한 시간에 M에게 무안을 주어 인격적으로 손상을 끼친 셈이다. M도 마찬가지다. M은 나에게 섭섭하다는 말을 직접 하지 못했고 나 역시 참으로 미안했다는 말을 하지 못하고 말았다. 이런 나의 모습이 우리 한국인의 모습이 아니겠는가?

우리의 일상생활은 관계요 대화다. 단 하루도 누군가와 말하지 않고 아무런 생각과 감정 없이 지낸 적은 거의 없을 것이다. 따라서 자기와 타인과의 관계, 자기와 자기 자신과의 관계를 만족스럽게 영위하기 위하여 의연하고, 담담하며 공감적으로 자기주장하는 기술을 익힐 필요가 있다. 이러한 필요성에 입각하여 나는 『자기주장과 멋진대화』를 저술하였다. 일반인들도 손쉽게 익힐 수 있도록 사례 위주로 내용을 풀어나갔고 관련된 그림도 많이 그려 넣었다. 그런데 좀 더 많은 사람들에게 도움을 주는 책으로 다시 출판해 달라는 요청이 있어서 그 내용을 보완하여 이번에『대인관계의 심리학』,『자기주장의 심리학』,『의사소통의 심리학』을 출간하게 되었다.

이 책에서는 상대방에게 억눌리지도 않으며, 이와 반대로 화를 내거나 상대방을 위협하지도 않으면서 피차간에 허심탄회하게 할 말을 하고 인격적으로 좋은 관계를 유지하는 방법을 소개하였다.

구체적으로는 하고 싶은 말을 시원하게 하는 방법과 확신과 배짱을 가지고 자신의 존엄성을 지키며 상대방을 배려하는 기술, 특히 세련된 방법으로 부탁하고, 거절하며, 비판하고, 비평받는 기술을 소개하였다. 그리고 인간관계에 문제가 발생했을 때 쌍방이 서로 노력하여 해결책을 찾아가는 방법과 상대편의 협조를 전혀 얻을 수 없을 때 자기 혼자서 해결책을 모색하는 기술에 대해서도 설명하였다.

또한 사교적인 장면에서 낯선 사람에게 말을 걸고 교제하며 데이트를 신청하는 기술, 성적(性的)인 문제에 대하여 자신의 태도를 표명하는 대화법, 국제적인 모임에서 처세하며 외국 사회에서 직업을 구하거나 승진하는 데 필요한 주장적 기술을 소개하였다. 아무쪼록 당신이 이 책에서 소개하고 있는 여러 가지 기법을 익힘으로써 대인관계와 직장생활에서 성공할 수 있는 리더십을 배양하기를 기원한다.

이 책을 예쁜 책으로 편집하고 많은 그림을 그려 주신 (주)학지사 · 이너북스의 직원들에게 고마움을 표시하며, 특별히 김진환 사장님께 깊이 감사드린다.

2007. 1.

홍 경 자

차
례

# 하고 싶은 말을
# 시원하게 말하기

인간 사회에서는 어디에나 견해와 생활 방식의 차이, 욕구의 차이, 문화의 차이 등이 존재한다. 그런 차이 때문에 삶의 다양성이 나타나고 재미가 있다. 그러나 그런 차이에서 오는 갈등과 불편함 역시 대단하다. 대인관계에서 겪게 되는 차이, 오해, 갈등을 경험할 때 상대방에게 눌려 자기가 하고 싶은 말을 하지 못하고 원망하는 사람이 있다. 이와 반대로 불같이 화를 내고 위협하여 상대방에게 피해를 주는 사람들도 있다. 전자의 경우를 소극적 또는 비주장적인 사람이라고 하고, 후자의 경우를 공격적인 사람이라고 한다. 한국 사람들은 대개 처음에는 비주장적으로 나오다가 나중에는 공격적으로 폭발하는 경향이 있다. 그러니까 한국인 중에는 솔직하게, 그리고 화내지 않고 자기 의사를 표현하는 기술, 즉 주장적 자기표현 기술이 미숙하여 애로를 느끼는 사람들이 많다. 나 역시 그런 사람들 중의 한 사람이었기 때문에 서양에서 개발된

주장훈련의 프로그램에 매료되었는지 모른다.

1980년부터 나는 한국 대학생들에게 '자기표현훈련' 또는 '자기 발표력 훈련'이라는 제목으로 주장훈련을 제공하고 그 효과를 검증하였다. 그 시기에 김성회 교수는 중·고등학생들을 대상으로 하여 '자기주장' 또는 '주장훈련'이라는 제목으로 주장적 기술을 훈련하였고 이 분야에 대하여 광범위한 연구를 하였다. 그 이후로 지금까지 많은 연구자가 다양한 대상에게 주장훈련을 실시하여 실제 생활에 도움을 주고 있다. 이들의 연구 결과 중에서 몇 가지만 소개하자면 주장훈련은 대학생들의 분노를 감소시켜 주는 데 효과가 있었다. 또 중·고등학생들의 불안을 감소시켜 주고 자기존중감을 향상해 주었다. 또한 초등학생들의 수줍음 수준과 대인불안을 감소시켜 주고 사회성, 교우관계, 자기표출 능력을 향상해 주었다. 또한 성지식과 양성평등적 성의식과 성역할을 함양하는 효과도 있었다. 그리고 정신질환자들에게 주장훈련을 제공하였더니 불안이 감소되고 주장행동이 향상되었다는 연구 보고도 있었다.

오늘날 주장훈련은 유아동, 청소년, 주부, 정신장애인, 직장인들에게 광범위하게 적용되고 있다. 특히 수줍고 소극적인 사람과 공격적인 언동을 하는 사람에게 매우 효과적인 것으로 판명되었다. 이 장에서는 자기에게도, 상대방에게도 인격적으로 피해를 주지 않으면서 허심탄회하게 할 말을 하고 사는 방법에 대하여 소개한다.

# 1

## 자기주장적으로
## 응대하기

　　당신은 모 회사의 사장이다. 사회 지도 계층으로 성공한 오늘날 당신의 아버님은 아직도 당신을 어린 아이처럼 생각한다. 그래서 일일이 간섭하고 명령하신다. 아버지는 당신이 어릴 때부터 강압적이고 전제적이셨다. 당신은 자라면서 그런 부모에게 몹시 반항하게 되었고, 지금도 감정이 좋지 않다. 아버지는 요즈음도 당신에게 곧잘 전화를 하신다. 아버지의 사업체를 물려받은 지 십여 년이 지났건만 당신이 아버지에게 소상하게 사업 보고를 하지 않으면 아버지는 지금도 노발대발하신다.

　　그럴 때면 당신은 어떻게 하는가? 아버지의 호통 소리를 듣게 되면 자동적으로 혈압이 올라가서 당신의 얼굴은 험악해지고 목소리는 거칠어진다. 그래서 아버지에게 불손하게 나온다. 당신이 큰 소리로 아버지를 제압하고 나면 기분이 통쾌하다. 그러나 그것도 한순간일 뿐, 당신의 눈치를 살피며 위축되어 있는 아버지의 표정을 보면 죄송스러운 생각이 들어서 마음이 괴롭다. 당신의 승리에는 무언가 잘못이 있다. '사회의 지도자가 되어 가지고 연로하신 아버님께 불손하게 공박하다니 어디 제대로 된 인간인가?' 당신이 정당한 이유를 가지고 승자가 되었음에도 불구하고 이렇게 자신을 질책하는 것이다. '그래, 아버님이 산다면 얼마나 더 사시겠는가? 부모님의 마음을 상하게 하지 말고 내가 참고 양보하자.'고 마음을 굳게 다잡는다. 그래서 단단히 결심한 후 아버지의 지시에 "네, 네." 하며 응하자, 아버지의 요구는 점점 더 당신의 생활을 압박한다. '도대체 내 나이가 몇 살인데……, 아버지는 내가 죽을 때까지 애기 노릇을 하라는 것일까? 미치겠네.' 이렇게 투덜거리며 직장에서 다른 직원에게 짜증을 부리고 집에서는 가족에게 스트레스를 준다. 결국 당신이 양보하면 매번 아버지에게 끌려다니게 된다. 그러니까 순응한다는 것은 당신이 패자가 된다는 뜻이고, 그것은 심리적으로 견딜 수 없는 불편감을 준다. 드디어 당신은 회피적인 조처를 취하기로 한다. '되도록이면 아버지하고 상종하지 않는 것이 최상책이다.'는 판단을 내린다. 그리고 '일체의 대꾸도 하지 말고 어디로 멀리 도망가 버리자.'고 결심한다. 그러나 가정의 대소사가 수시로 생길 것인데 아버지를 영구히 대면하지 않고 살 수 있을 것인가? 시간이 갈등을 해소해 주거나 문제를 해결해 주지는 않는다. 아들 쪽에서 공격적으로 나오면 부자관계가 파괴된다. 그렇다고 아들 쪽에서 계속하여 양보하게 되면 언젠

가는 고혈압 환자가 되거나 위장에 구멍이 뚫릴지도 모른다. 그렇다면 우리는 공격도 아니고 양보나 회피도 아닌 의연한 태도를 취해야 할 것이다. 대화할 때 위협적이거나 훈계적인 말은 상대방의 자존심을 상하게 하므로 본능적으로 거역하고 싶은 심리를 발동시킨다. 또한 애원조의 말은 화자(話者)의 무력함이 은연중에 전달되어 상대방의 무시와 유린을 불러일으킨다.

그렇다면 당신은 지금부터 아주 색다른 방도를 취해야 할 것이다. 과거에 당신은 외부 상황(아버지)에 따라 당신의 기분과 행동이 좌우되었다. 즉, 당신은 수동적이고 반응적이었다. 이제부터는 당신 쪽에서 주도적으로 외부 상황(아버지)을 이끌어 가고 조정하며 변화시키도록 새로운 형태의 의사소통을 구사해야 한다. 그것은 당신이 아버지를 누르고 이기는 것도 아니고 아버지가 당신을 억누르게 허용하는 것도 아니다. 두 사람이 각자의 희망 사항과 느낌을 털어놓고 조율하여 서로를 인격적으로 존중해 주는 것이다. 그리고 당사자들이 인간적으로 향유할 존엄성과 권리를 침범하지 않는 범위 안에서 확실한 경계선을 긋고 정면으로 맞서는 것이다. 다시 말해 건설적인 싸움을 하는 것이다. 건설적으로 싸운다는 것은 당신이 자기를 주장하되 상대방도 포용하면서 대화를 주도한다는 뜻이다.

부자간에 심각한 갈등을 겪고 있는 당신은 아버지에게 다음과 같이 말할 수 있다.

"아버지께서는 제가 직장에서나 사회에서 실수하지 않고 성공적으로 생활해 나가기를 바라시지요? 그런 마음에서 아들이 매사를 잘 처리해 나가고 있는가를 확인하고 싶어서 제가 하는 일을 일일이 알고 싶으신 것 아닙니까? 아버지의 그런 마음은 참으로 고맙습니다. 아버지 눈에는 제가 아직 어리게 보일지 모르지만 제 나이가 벌써 40이 넘었어요. 이제는 누구의 지시를 받을 나이도 아니고 나름대로의 노하우와 전문성이 있습니다. 저는 아버지를 닮아 꽤 똑똑하거든요. 저를 믿어 주세요. 게다가 제 성격은 아버지를 닮아 독립심이 강해서 간섭받는 것을 제일 싫어합니다. 저를 누가 간섭하면 성질이 고약해져요. 그래서 아버지가 좋은 뜻으로 질문하시더라도 신경질이 나거든요. 신경질이 나면 아버님께 감사하는 마음과 효도하고 싶은 마음이 일시에 사라져 버려요. 이것이 저의 문제입니다. 아버지가 도와주세요. 게다가 요즈음 기업문화나 세계 정세는 아버지 세대와 전혀 다르게 변했거든요. 과거 같으면 아버님의 충고가 다 옳겠지만 21세기의 기업풍토에선 오히려 해로울 수도 있습니다. 아들을 위하는 마음에서라도 저를 내버려 두세요. 그 대신에 부탁이 하나 있어요. 회사 일이나 사회생활 이외에 아버지가 저에게 원하시는 것을 가끔씩 말씀해 주세요. 그리고 '이렇게 하여라.'라고 명령식으로 하지 마시고 '……에 대하여 네 의견은 어떠니?'라고 물어봐 주세요. 그러면 제가 얼마든지 아버지와 의논할 겁니다. 저도 아버지를 기쁘게 해 드리고 싶습니다. 아버지를 존경하거든요."

앞의 대화 내용을 분석해 보자. 당신은 먼저 아버지의 마음을 이해하고 충분히 공감해 주었다. 그러고 나서 당신이 느낀 감정을 피력하고 이어서 당신이 원하는 것을 명료하게 요청하였다. 마지막으로 부자간에 다 같이 만족할 만한 요구 사항을 구체적으로 부탁하였고, 더하여 아버지의 자존심을 부추겨 주어 존경을 표시하였다. 요약해 보면 당신은 아버지의 인격과 욕구를 존중하되 당신의 소망을 확실하게 주장함으로써 당신의 요구를 존중받는 방식으로 대화하였다. 이것이 건설적인 싸움을 하는 것이다. 그것은 또 다른 말로 표현하자면 '나-전달법'의 기술을 활용한 주장적 행동이며, 구체적으로 당신은 '공감적 주장'을 한 것이다.

한국 사회에서는 '주장하다'는 말에 대하여 오해하고 있는 사람들이 있다. 상대방은 배려하지 않고 자기 말만 일방적으로 되풀이하고 자기 권리만 강요하는 것을 주장적 행동으로 간주하는 사람들이 있는데, 그것은 분명히 '공격적'인 행동이다. '주장적 행동'이란 강압적이지도 않고, 마음이 여린 탓에 쉽게 물러서는 것도 아니며, 의연하고 담담하게 자기 의사와 감정을 표현하는 행동이다.

또 하나의 예를 들어 보자.

순돌이는 고등학교 2학년으로 학교 성적이 중위권이다. 그는 공부에는 별로 취미가 없지만 건강하고 사회성이 좋아서 친구들과 어울려 놀기를 좋아한다. 장래의 꿈은 사업가가 되는 것이다. 부모님은 순돌이가 공부를 하지 않는다고 성화인데, 특히 어머님의 감시와 질책이 이만저만이 아니다. '공부' 문제를 놓고 순돌이는 매일 어머니와 언쟁에 휘말린다.

　모든 면에서 부모보다 미숙한 순돌이가 과연 부모와 인격적으로 대등한 입장에서 대화가 가능할까? 그리고 미성년자인 순돌이가 성인인 부모를 설득하여 서로가 만족할 만한 해결점을 찾아내는 방식으로 대화를 할 수 있을까? 이것은 대단한 설득력과 리더십을 요구한다.

　자! 여기에서 순돌이가 우리 주변에서 흔히 볼 수 있는 십대처럼 나온다고 가정해 보자. 순돌이는 두 눈을 험악하게 치켜뜨고 어머니에게 대항할 것이다. "엄마는 자나깨나 공부만 하라고 하니 미쳐 버리겠어요. 엄마가 그렇게 한번 공부해 보실래요? 어림도 없지요. 난 공부 못해도 좋아요. 내 인생은 내 맘대로 살 테니까

공격적인 대처 방식

제발 간섭하지 마세요. 공부는 절대로 안 할 거예요." 그리고는 밖으로 뛰쳐나가 친구들과 어울려 놀고 책과 담을 쌓는다.

어머니가 더욱 강력하게 순돌이를 질책하자 순돌이는 위협을 한다. "난 이 집에 없는 자식이에요. 날 찾지 마세요. 소리 없이 나가서 죽어 버리고 사라져 버릴 겁니다." 이런 협박조의 말에 깜짝 놀란 어머니는 순돌이를 야단도 칠 수 없다. 속으로 애만 태우면서 아들의 눈치를 보며 아들이 원하는 대로 달라는 용돈은 다 주고 '공부하라'는 말은 끄집어 내지 못한다. 순돌이는 자기에게 부모님을 꼼짝 못하도록 조종할 수 있는 능력이 있다는 것을 발견하고 통쾌감을 느낀다. 그래서 집에 돌아오면 점점 횡포를 부린다. 이것은 강압적이고 공격적인 대처 방식이다.

소극적 – 공격적인 대처 방식

하고 싶은 말을 시원하게 말하기

이와 반대로 고분고분한 순돌이라면 어머니 말씀에 순종하여 책상에 앉아 있을 것이다. 그러나 자발적인 학습 동기가 없고 자기 인생에 대한 계획이나 신념도 목표도 없다. 어머니와 언쟁하는 것이 지긋지긋하고 언쟁해 보았자 이길 수도 없으니까 마지못해 어머니의 지시를 따르는 것이다. 내심으로는 강압적인 부모님이 증오스럽고 공부를 잘하지 못하는 자신에 대한 열등의식으로 가득 차 있다. 순돌이는 겉으로는 순응하지만 책상 앞에 앉아 공부는 하지 않고 혼자서 투덜거리며 시간만 보내고 있다. 이것은 소극적 – 공격적 대처 방식이다.

또 순돌이는 꾀를 부릴 수도 있을 것이다. 그는 부모와 마찰을 피하는 최상책은 자기 쪽에서 부모님과 담을 쌓고 가족과의 상호 작용을 일체 회피하는 것이라고 결론을 내린다. 부모님과 눈도 마

회피적인 대처 방식

주치지 않고 말대꾸도 하지 않고 용돈이 필요하면 청구서를 쪽지로 써서 식탁 위에 올려놓는다. 밥은 자기 방에서 혼자 먹고 자기 혼자서 씩 웃으며 은둔생활을 할 것이다. 이것은 회피적인 대처방식이다.

그런데 우리가 아는 순돌이는 다행히도 앞과 같은 행동을 하지 않는다. 순돌이의 가정은 비교적 민주적인 분위기다. 그는 어려서부터 아버지와 어머니 사이에 의견 대립이 생길 때면 큰 소리로 싸우시더라도 끝내는 부모님이 서로 타협점을 찾는 것을 많이 목격하였다. 그런 가정의 풍토에서 자란 순돌이는 평소에도 자기표현을 잘하고 설득력이 있다.

순돌이는 이렇게 어머니에게 요청한다.

"엄마, 저도 공부 잘해서 좋은 대학에 들어가고 싶어요. 엄마 마음은 잘 알아요. 그런데 아무리 공부를 해도 잘 모르겠고 아무리 애를 써도 학교 등급을 올릴 수가 없어요. 저는 어디를 한바탕 쏘다니거나 실컷 운동을 하고 나면 마음이 안정돼요. 하루 종일 책상에 앉아 있으면 미쳐 버릴 것 같다니까요. 공부가 전혀 안 된단 말이에요. 저도 답답해 죽겠어요. 엄마가 원하는 대로 안 되거든요. 그러니까 지금부터는 저에게 맞는 공부 방법과 저에게 가능한 수준의 점수대를 정해 놓아야 할 것 같아요. 그렇지 않으면 공부가 너무 힘들어서 도중에 포기할 것만 같아요. 제가 공부에 취미를 붙이도록, 그래서 제가 할 수 있다는 자신감이 생기도록 엄마도 연구해 주세요."

하고 싶은 말을 시원하게 말하기

주장적인 대처 방식

이처럼 의연한 태도로 자기의 감정과 의사를 확실하게 표현하는 것이 주장적인 대처 방식이다. 우리는 경우에 따라 약자의 입장이 되어서 강자와 갈등 상태에 놓여 있을 수 있다. 그러나 비록 약자의 위치에 처해 있을지라도 우리는 상대방에게 억눌리거나 눈치를 보지 않고 의연하게 강자와 대면하여 당당하게 우리의 소신과 입장을 피력할 수 있다. 그리고 강자에게서 협조와 타협을 이끌어 낼 수 있다. 순돌이처럼 말이다. 그것이 멋진 대화의 기술이요 주장적인 자기표현이다.

**2**

# 주장적인
# 자기표현의 기술

**소극적(비주장적), 공격적, 주장적 행동**

앞에서 살펴본 바와 같이 대인관계에서 나타내는 표현양식을 인격적인 존중과 권리의 면에서 구분하자면 크게 소극적 행동, 공격적 행동, 주장적 행동으로 구분할 수 있다.

- 소극적(또는 비주장적) 행동: 상대방을 배려한 나머지 자신이 나타내고자 하는 바를 충분히 표현하지 못하여 자신의 권리와 인격에 손해를 가져오는 행동이다.
- 공격적 행동: 자신의 욕구, 감정, 생각 등을 표현하되 상대방의 인격과 권리 등을 배려하지 않고 피해를 주는 행동이다. 욕설과 협박 등의 언어폭력은 공격적 행동에 해당된다.
- 주장적 행동: 상대방의 인격과 권리 등에 피해를 주지 않으면서 자신의 욕구, 감정, 생각 들을 표현하는 행동이다.

이 책에서는 주장행동을 '자기주장' '주장적 자기표현' 또는 '주장적 발언' 등의 용어로 표현하였다.

## 소극적(비주장적) 행동의 원인

주장성과 관련한 한국인들의 표현 방식을 볼 때 많은 사람은 비주장적인 경향성이 농후하다. 적절하게 주장행동을 하지 못하는 사람들, 다시 말해서 소극적(비주장적)으로 자기표현을 하는 사람들은 그 원인이 다양하다. 앞에서 설명한 바와 같이 그들은 다음과 같은 특징을 가지고 있다.

- 첫째, 주장행동을 방해하는 비합리적 사고에 익숙해 있다.
- 둘째, 불안이나 두려움 때문에 자기주장에 방해를 받고 있다.
- 셋째, 자기주장하는 기술을 잘 알지 못하고 있다.

이 밖에도 더 고려해야 할 사항은 다음과 같다.

먼저 문화적·환경적 원인이 주장행동을 방해한다. 유교문화권에 속하는 한국 사회에서는 전통적으로 젊은이나 하급자가 윗사람에게 자기가 하고 싶은 말을 솔직하게 피력하면 불손한 사람으로 취급되었다. 그러한 사회적 인습은 개인의 주장행동을 방해한다. 또 남성은 감정 표현을 자제하도록 교육받아 왔다. 한국의 남성들 중에서 자녀나 배우자에게 부드러운 대화와 애정 표현을 하는 데 서투른 사람들이 상당히 많다. 남편의 역할과 아버지의 역할 수행에 서투른 사람들은 이러한 문화적 영향이 지대하다고 볼 수 있다.

다음으로 개인이 처한 특수한 상황적 여건이 주장행동을 금하게 한다. 어느 개인이 특정 상황에서 주장행동을 하지 못하게 되는 데는 그 상황에서만 자기가 비주장적으로 처세하기를 선택했기 때문에 그렇게 된 경우도 있다. 직장에서 상사의 요구나 군대에서 상급자의 뜻에 반하여 자기가 원하는 바를 피력하게 된다면 자신의 장래 진로에 치명타를 초래할 수 있다. 그러니까 이때의 '아니요(no)'는 용기 있는 처사가 아니라 매우 위험한 모험일 수 있다. 주장적 자기표현의 기술을 익힐 때는 이 점을 유의해야 한다. 품위 있게 자기주장하는 기술에 대해 다음 장에 소개한다.

마지막으로 주장적으로 자기표현하는 방법을 학습하지 못했기 때문이다.

한편 강압적이고 공격적으로 자기를 표현하는 사람들은 상대방을 배려하기보다는 자신의 이익 추구를 우선적인 가치로 삼고 그것을 선호하는 사람들이라고 볼 수 있다. 그리고 개인의 공격적인 성격 내지 기질과도 밀접한 관련이 있다고 할 수 있다.

## 소극성, 공격성, 주장성을 변별하기

예를 들어, 당신 친구가 바쁘다고 하면서 자신의 숙제를 대신 해달라고 한다고 가정해 보자.

하고 싶은 말을 시원하게 말하기

| 소극적(비주장적) 자기표현 | 공격적 자기표현 | 주장적 자기표현 |
|---|---|---|
| • ……에, 글쎄… 별 수 없군. 그래, 해 줄게. | • 야, 너 정신이 있는 거니?<br>• 그런 속없는 소리를 하다니 네가 대학생이냐?<br>• 어림없다. | • 남의 숙제를 대신하는 것은 법에 어긋나는 것이라서 내가 해 줄 수가 없구나.<br>• 아무리 바쁘더라도 네가 해야 할 거야. 우리 다음번에 만나자. |

소극적(비주장적), 공격적, 주장적 표현 양식의 차이점을 비교하면 다음과 같다.

| | 소극적(비주장적) 자기표현 | 공격적 자기표현 | 주장적 자기표현 |
|---|---|---|---|
| 행동 특징 | • 타인의 입장만 배려함<br>• 타인이 자기의 욕구와 인권을 침해하도록 허용함<br>• 자기의 욕구와 권리를 솔직하게 표현하지 못함(자기부정적) | • 자기의 입장만 배려함<br>• 타인의 욕구와 인권을 무시하고 희생시킴<br>• 자기의 욕구를 성취하기 위하여 과격한 표현을 함(자기본위적) | • 자기의 입장을 배려하되 타인의 권리와 인격을 존중함<br>• 자기의 욕구를 성취하되 타인의 권리를 침해하지 않음(자기향상적) |
| 감정 | • 자신에 대한 실망과 자책<br>• 상대방에 대한 원망과 증오 | • 처음엔 승리감과 우월감, 다음엔 죄의식 | • 자기존중감 |
| 결과 | • 자기의 욕구를 성취하지 못함<br>• 대인관계가 소원해짐 | • 자신의 욕구를 성취함<br>• 상대방에게 분노, 복수심을 심어 주고 관계가 파괴됨 | • 자신의 욕구를 성취함<br>• 상호 존경 |

**소극적, 공격적, 주장적 표현의 행동 특징, 감정, 결과**

다음 상황은 주장적인지, 공격적인지 또는 소극적(비주장적) 행동인지를 평가해 보고 그 이유를 생각해 보자.

| | 상 황 | 당신의 반응 | (소), (공), (주) |
|---|---|---|---|
| 1 | 친구와 전화로 한참 동안 통화를 하였다. 당신은 이제 전화를 끊고 싶다. | "정말 미안해. 부엌에서 저녁밥이 타고 있으니 전화를 끊어야겠어. 괜찮겠지?" | |
| 2 | 어떤 맹인이 가까이 와서 물건을 사 달라고 요청한다. 그때 당신은? | "당신들은 눈이 안 보인다고 해서 꼭 물건을 사 줘야 한다고 그러는데 난 절대로 안 사겠어요." | |
| 3 | 이번 명절에 특별히 입으려고 세탁소에 맡긴 양복을 찾으러 갔다. 그때 당신은 양복에 구멍이 난 걸 발견했다. | "오늘 저녁에 입어야 하는데 어떻게 해. 당신들은 좀 책임감 있게 일을 하지 못하겠소?" | |
| 4 | 남자 일곱 명과 여자 한 명으로 구성된 어떤 모임에서 회장이 당신에게 서무를 하라고 한다. 그때 당신(여성)은? | "싫어요. 단지 내가 유일한 여자라고 해서 서무가 되는 것에는 진절머리가 나요!" | |
| 5 | 당신이 팀티칭(team teaching)에 가담했는데 사실은 계획, 교수, 토론, 평가를 도맡아 하고 있다. 그때 당신은? | "우리가 팀티칭을 하기로 되어 있는데 내가 모든 일을 하는 것으로 안다. 역할을 분담해야겠어. 이에 대한 토의 시간을 정하자." | |
| 6 | 학생이 수업 시간에 세 번째 지각했다. | "내 강의가 시작될 때까지 안 오면 강의의 일부를 다시 되풀이해야 하니 번거롭다. 네가 늦은 것이 나한테는 불편하다." | |

하고 싶은 말을 시원하게 말하기

| | | | |
|---|---|---|---|
| 7 | 당신이 어떤 사람과 데이트를 한 번 했는데 이젠 그에게 흥미가 없다. 그가 또 데이트를 요청할 때…… . | "전 이번 주 너무 바빠요. 이번 토요일 저녁은 시간이 없겠어요." | |
| 8 | 학교 도서관에서 빌린 적도 없는데 책을 반환하라는 연락이 왔다. 그때 당신은? | "무슨 소리를 하고 있죠? 당신은 기록을 똑바로 해 둬야겠어요. 내가 빌린 적도 없는데 그걸 배상하라는 말이에요?" | |
| 9 | 부모가 자녀에게 방을 치우지 않았다고 꾸지람을 하고 있다. | "너희는 하여간에 형편없구나. 애비 노릇이 이렇게 힘들 줄 알았다면 자식을 절대로 안 낳았을 것이다." | |
| 10 | 윗층에 세 사는 사람이 음악을 크게 틀어 놓아서 신경질이 난다. 그때 당신은? | "여보세요. 음악소리가 너무 커서 내게 방해가 됩니다. 소리를 좀 줄여 주시겠어요?" | |
| 11 | 당신은 월요일 오후 4시에서 5시까지를 개인적인 일을 처리할 시간으로 정해 놓았다. 그 시간에 누가 당신에게 만나자고 한다. 그때 당신은? | "월요일 4시라고요? 예…… , 좋아요! 그 시간이 당신에게 틀림없이 좋은 시간이죠?" | |
| 12 | 아내가 말을 않고 침묵만 지킨다. 그때 당신은? | "또 묵비권이야? 말 한번 뱉어 내면 누가 죽냐?" | |
| 13 | 남편이 당신 친구 앞에서 당신의 외모를 헐뜯었다. 그때 당신은? | "당신이 다른 사람 앞에서 내 외모를 헐뜯으면 나는 정말 속이 상해요. 할말이 있거든 제발 우리가 외출하기 전에 집에서 이야기해 주세요." | |

| | | | |
|---|---|---|---|
| 14 | 당신이 알고 있는 중학생이 고백을 했다. 그녀가 어느 남학생과 성관계를 맺었다고 한다. | "그래. 못된 송아지 엉덩이에 뿔난다는 말이 맞는 것 같구나." | |
| 15 | 적은 돈을 빌려 가고 매번 갚지 않는 친구가 또 얼마의 돈을 빌려 달라고 한다. | "오늘 나 점심 사 먹을 돈밖에 없는데 ……." | |

**소극적, 공격적, 주장적 행동에 대한 변별검사**

하고 싶은 말을 시원하게 말하기

# 3

## 의사소통의 관점에서 본 주장적 자기표현

우리는 자기의 성격과 기질에 따라 사람들과의 관계 속에서 대개 주장적으로, 비주장적으로 또는 공격적으로 자기표현하기 마련이고 그것이 자신의 고유한 대인관계의 양식으로 굳어지는 경향이 있다. 그런데 내가 비주장적으로 임하게 되면 상대방이 승자가 되고 자신이 패자가 되는 쪽을 어쩔 수 없이 선택하는 셈이다. 그리고 나서 나는 상대방에 대한 원망과 자기혐오의 감정을 갖게 될 소지가 많다.

이와 반대로 내가 공격적으로 임하게 되면 내가 승자가 되고 상대방이 패자가 되도록 몰아붙여서 나는 처음에는 우쭐한 감정을 느낄 수 있다. 그러나 끝내는 두 사람의 관계가 악화되어 두 사람이 모두 패자가 되는 경우가 허다하다. 결국 소극적(비주장적)인 표현도, 공격적인 표현도 패자의 쓴맛을 보게 한다.

그러므로 의견 대립이 생길 때 서로 할 말을 허심탄회하게 피력하며 인격을 존중해 주면 강제적으로 어느 한쪽이 패자가 되었다는 느낌을 갖지 않고서 만족스럽게 갈등을 풀어 갈 수 있다. 이러한 윈-윈적 관계는 주장적인 자기표현의 기술을 서로가 구사할 수 있을 때 가능하다.

그런데 문제는 주장적인 자기표현을 잘해 내기가 그리 쉽지 않다는 것이다. 특히 자신감이 부족하고 불안이 심한 사람이 어떻게 상대방의 눈치를 보지 않고 의연하고 담담하게 자신의 심정을 말할 수 있을까? 또 자기 본위의 생각에 사로잡혀 걸핏하면 큰 소리로 상대방을 위협하고 화부터 내는 사람이 어떻게 차분하게 마음을 가라앉히고 편안한 어조로 말할 수 있을까? 공격적인 성향의 사람은 분노 감정을 통제하는 기술이 필수적이다. 불안감이나 분노 감정을 관리하는 데 필요한 기술이나 자기주장적 표현을 하는 요령은 이 책의 후반부에서 자세하게 다루고 있다. 여기에서는 주장적 행동의 요소를 알아 보고, 주장적 자기표현을 할 때의 기본 자세만을 정리해 본다.

## 주장행동의 기본 요소

주장행동이란 '상대방에게 피해를 주지 않으면서 자신의 욕구, 느낌, 감정 등을 솔직하게 나타내는 행동'이라고 정의하였다.

이 정의에서 밝혀진 바와 같이 주장행동은 자기에게 주어진 권리를 행사하되 상대방의 권리를 침해하지 않아야 한다. 이와 같은 인권(人權)의 개념은 일찍이 알버티 등(Alberti & Emmons)과 보우

하고 싶은 말을 시원하게 말하기

어 등(Bower & Bower)이 강조해 왔다. 이런 개념에 근거하여 주장적 행동의 기본 요소를 살펴보면 다음과 같다.

- 상대방에 대해 예절을 지키며 상대방의 말을 잘 경청한다.
- 먼저 상대방을 공감적으로 이해한다.
- 자신이 주장하는 이유를 ('나 - 전달법'과 더불어) 간단히 설명한다.
- 서로가 받아들일 수 있는 타협안을 제시한다.
- 자신의 마음속에 있는 바를 정직하게, 참지 않고, 가급적이면 대화의 초반에 상대방에게 직접 나타낸다.
- 상대방과 대화할 때 서두르거나 횡설수설하지 않는다.
- 상대방과의 거리(약 50~100cm)를 적절하게 유지한다.
- 상대방이 알아들을 수 있도록 또렷하고 큰 소리로, 단호하게, 그리고 자연스러운 억양으로 말한다.
- 시선을 적절하게 맞춘다.
- 진지한 표정과 몸짓과 이완된 자세로 말한다.

## 주장행동을 할 때 고려해야 할 상황적 요소

이와 같은 주장행동의 기본적 요소는 개인이 표현하고자 하는 내용, 대하는 상대 및 상대방과의 친숙도에 따라 실제 행동으로 나타날 수도 있고 그렇지 못할 수도 있다. 그러니까 주장행동은 상황이나 장면에 따라서 크게 영향을 받는다. 구체적인 상황적 요소는 다음과 같다.

첫째, 상대방의 조건에 따라서
- 상대방의 성(性)
- 상대방의 연령
- 상대방의 사회적 지위

둘째, 상대방과의 친숙도에 따라서
- 형식적 관계(예: 판매원)
- 반복적인 중요한 관계(예: 담임교사)
- 친밀한 관계(예: 친한 친구)

셋째, 대화의 내용에 따라서
- 부탁하기
- 거절하기
- 칭찬하기
- 칭찬받기
- 비평하기
- 비평에 대처하기
- 데이트 신청과 거부 등

하고 싶은 말을 시원하게 말하기

## 주장적 행동을 할 때의 기본 자세

마음이 여리고 소극적인(비주장적) 성향이 있는 사람들이 주장적으로 되기 위한 자세는 다음과 같다.

- 자기의 인간적 권리와 존엄성을 확실하게 인식한다.
- 상대방의 눈치를 보고 기가 죽어 움츠러들려고 하는 자신의 표정, 자세, 목소리에 주의를 기울인다.
- 마음속으로 자기의 권리를 인정하는 말을 독백한다. 그리고 다음과 같이 자기암시를 한다.

  '음. 너는 강한 ○○앞에서 저절로 주눅이 들어 있구나. 목소리도 가느다랗게 작아지고……. 네가 큰 잘못을 범한 죄인이 아니니까 절대로 비굴하게 굴 필요가 없어. 너는 지금 네 권리를 침해받고 있는 피해자야. 그러니까 당당하고 의젓한 자세로 네가 하고 싶은 말을 또렷하고 간결하게 말해야 해. 그래서 너의 존엄성과 인간적 권리를 네가 지켜야 해. 그렇지 않으면 상대방이 너를 유린하도록 방관하고 허용하는 꼴이 된다. 그 뒤에 너는 그 사람을 두고두고 원망하고 미워하게 될 거야. 그리고 무능한 네 자신을 혐오하게 되고 화병이 날 수도 있고, 또 일생 동안 한(恨)을 가지고 살아갈지도 몰라. 그래서는 안 되겠지?'
- 마음속으로 강한 자기가 되기로 단단한 각오를 한다. 지금부터는 본의 아니게 남의 눈치를 살피고 비위를 맞추면서 손해

와 양보하는 쪽을 스스로 택하지 않겠다고 결단하는 것이다. 그리고 위엄과 품위를 지키며 남들에게서 정당한 예우를 받기로 작정하고 그렇게 되도록 자신에게 기합을 넣는다.

- 거울 앞에 서서(또는 거울 앞에 서 있다고 상상하고) 자기가 할 말에 대해 주장적으로 표현하기를 연습해 본다. 이때 길게 중언부언하거나 변명하지 않는 말로 간결한 문장을 준비한다. 그리고 자기의 목소리와 자세를 다양하게 변화시켜 가면서 연습한다.

- 실제 장면에서 주장적으로 자기의사를 표현한다. 그 결과 성공적으로 자기주장을 했는지, 그리고 유익한 소득이 있었는지의 여부에는 일체 신경 쓰지 않는다. 자신이 주장행동을

신체를 이완하고 기합을 준다. 그리고 의연하게 말하기를 연습한다.

하고 싶은 말을 시원하게 말하기

소극적인 사람의 주장적 자기표현 연습하기

새로이 시도해 보았다는 사실만으로도 이미 성공한 것이며 대인관계의 양식에 새로운 변화가 시작되었다고 굳게 믿고 자기를 칭찬, 격려, 강화하도록 한다.

한편 공격적인 성향의 사람들이 부드럽게 자기주장을 하기 위한 자세는 다음과 같다.

• 성급하고 화부터 내는 기질이 자기의 인격 완성에 해가 되며 가까운 주변 사람들에게도 심리적인 상처를 준다는 점과 그것이 궁극적으로는 자기 인생에 커다란 손해를 가져다준다는 점을 확실하게 인식한다.
• 상대방과 대화할 때 자기도 모르는 사이에 도발적이고 강렬한 눈빛과 위협적인 말로 상대방을 제압하고 지배하려는 자

세를 취하고 있는 자신의 모습에 관심을 기울인다. 그리고 그것을 알아차린다.

- 기존의 신념과는 다른 생각으로 대치하고 나서 다음과 같은 자기암시의 독백을 한다.

'그래. 너는 조그마한 일을 가지고도 누가 너의 자존심을 건드리면 크게 화를 내고 상대방을 위협하는 기질이 있구나. 너는 인생을 마치 전쟁터인 것처럼 지각하고 전투태세를 갖춘 군인처럼 행동하는구나. 그래서 네가 원하는 것을 기어이 얻는 데 성공하지. 그렇지만 상대방에게 상처를 주게 되고, 그 결과 상대방이 너를 몹시 혐오하게 되지. 또 네 자신도 곧 후회와 자기혐오로 고통받게 되고…… 지금부터 넌 생각을 바꾸어야 해. 상대방이 다른 의견을 제시하는 것은 너를 싫어하고 부인하는 것이 아니야. 다만 너하고는 다른 생각과 욕구가 있다는 것을 표현하는 것이라고……. 그러니까 넌 공격적이고 전투적인 태도를 버리고 온화한 태도로 그의 이야기를 경청해 주고 그의 마음을 공감해 주는 거야. 그렇게 해서 너는 여유 있고 너그러운 사람이라는 것을 보여 주는 거야. 네가 인격적으로 존경받으면서 너에게도 유익한 길은 이렇게 상대방을 수용하고 존경하는 가운데 네가 하고 싶은 말을 담담하게 피력하는 것이란다. 그게 세련된 사람의 매너야. 알았지?'

- 마음속으로 온화하고 품위 있는 자기가 되기로 각오한다. 지

신체를 이완한다. 그리고 부드럽게 말하기를 연습한다.

금까지 공격적으로 상대방을 제압하여 우위의 세력을 확보하고 살았던 방식이 사실은 이득이 아니며 사람들로부터 존경과 신뢰를 얻지 못하는 행위라는 것을 잘 인식하고 그런 태도는 앞으로 지양하겠다고 다짐한다.

- 거울 앞에 서서 자기가 할 말을 부드럽고 담담하게 표현하기를 연습해 본다. 온화한 눈빛으로 상대방을 지긋이 바라보며 친절하고 낮은 목소리로 천천히 말하는 것을 연습하는 것이다.
- 실제 장면에서 품위 있는 신사와 숙녀의 매너로 자기의사를 표현한다.
- 새롭게 변화된 부드러운 자신에 대하여 만족하며 자기강화를 하도록 한다.

공격적인 사람의 주장적 자기표현 연습하기

　　다음 그림에서 두 사람은 동업으로 펜션 사업을 시작했다. 그런데 동업 중에 한 사람은 상대방과 상의도 없이 약속한 규칙을 어기고 수익금을 임의적으로 사용하고 있다. 그러한 상황에서 소극적으로, 공격적으로, 또는 주장적으로 자기표현하는 방식은 어떤 것인가를 간략하게 적어 보면서 이 장을 정리해 보자.

● **좋다리 사장의 발언은?**

소극적(　　　　　　　　　　　　　　　　　)

공격적(　　　　　　　　　　　　　　　　　)

주장적(　　　　　　　　　　　　　　　　　)

　　　　　　　　　　　　　하고 싶은 말을 시원하게 말하기

펜션 사업 동업하기

# ⁶⁴⁷ 사 례

| 사례 1 | 까다로운 직장 상사 다루기 |

Q 저의 부서 팀장은 평소에도 별로 긴급하지 않은 일을 가지고 보고서를 미리 제출하도록 독촉하고 까다롭게 구는 상사입니다. 이번에도 충분한 시간을 주지 않고 무리하게 어떤 안건에 대해 브리핑을 할 파워포인트(power point)를 작성하라고 합니다. 하필이면 감기와 몸살에다 가정사가 겹쳐서 제가 기일을 맞추기가 대단히 힘들게 되었는데, 어떻게 말해야 할까요?

A 당신은 소극적으로, 또는 공격적으로, 또는 주장적으로 당신 의사를 표현할 수 있어요. 그 예를 들어 보면 다음과 같습니다.

자존감을 가지고 의연하게 자신을 표현하는 것은 물론 주장적

44

발언이지요. 당신은 부드럽게 주장적인 자기표현을 하십시오.

- 소극적(비주장적) 발언: (머리를 긁적이며 기어들어 가는 목소리로 고개를 수그린 채) 팀장님, 저어…… 제가 브리핑할 자료를 신속하게 작성하려고 하는데요. 실은…… 제가 몸살이 났어요. 꾀병이 아니고 그게 사실이거든요. 어떻게 해요? 기일을 조금만…….

- 공격적인 발언: (강렬하게 쏘아보며 약간 화가 나고 짜증스러운 말투와 심각한 얼굴로) 팀장님, 제가 몸살이 났습니다. 이번뿐만 아니라 그 전에도 저희 팀의 업무가 사실상 너무 과중한 것 같아요. 팀장님도 그렇게 생각하시지 않습니까? 제가 몸살 났지만 이번에도 사실은 브리핑 시간을 너무 촉박하게 요구하시니까 그게 문제입니다. 우선 기일을 좀 늦춰 주셔야 할 것 같아요.

- 주장적 발언: (예의를 갖추어 공손하게 부드러운 시선으로 바라보면서) 팀장님, 저는 팀장님의 기대에 맞추어 멋있는 브리핑을 하려고 노력하고 있습니다. 그런데 하필이면 요즈음 제가 몸살감기에 걸렸고 가정사까지 겹쳤습니다. 기일을 조금만 연장해 주신다면 회복된 다음에 팀장님의 마음에 들도록 최선을 다하여 멋있는 보고서를 제출하려고 합니다. 사실을 말씀드리자면 이번에는 기일이 너무 촉박해서 전 직원들이 스트레스를 받고 있어요. 그 점도 고려해 주시면 팀원들의

사기가 올라가고 팀장님의 인기도 '짱'일 것이라고 생각해요.

사례 2  자기를 무시하고 놀리는 동료 다루기

Q 저는 회사에서 같이 일하는 사람들에게 가끔 무시를 당할 때가 있습니다. 저는 말재간이 없으니까 속으로는 억울해도 당하고만 지냅니다. 얼마 전에 직원들이 같이 모여 식사할 기회가 있었습니다. 아내나 여자 친구를 데리고 가는 자리였습니다. 저만 보면 놀리는 직원이 한 명 있습니다. 그 직원이 또 저를 무시하는 말을 했습니다. 저의 여자 친구 얼굴이 '별로'라고…… 그리고 제가 여자를 고르는 취미가 이상하대요. 이럴 때는 무슨 말로 대답을 해 주어야 할까요?

A 짓궂은 동료에게서 놀림을 당하고 몹시 자존심이 상하셨겠군요. 당신을 무시하는 사람에게 화를 내고 험한 말을 하는 것도 미성숙한 대처 방법입니다. 마음이 여리고 자기표현이 적은 당신이 화를 내고 나서 그다음 상황을 어떻게 수습해야 할지 몰라 난감해질 수 있습니다. 그렇다고 불쾌한 내색을 하지 않고 번번이 참게 되면 당신은 속이 상하여 고통스러울 것입니다. 또 상대방에 대한 원망과 증오가 누적되어 그를 혐오하게 되고 그와의 관계가 악화될 수 있습니다. 이보다 더 심각한 문제는 상대방이 당신을 호락호락하게 보고 당신을 놀리거나 괄시하는 행동이 계속될 가능성이 높다는 점입니다. 그러므로 당신은 공격적으로

응수하지도 않고 소극적으로 참고 지내지도 말고, 당당하게 할 말을 해야 합니다.

첫째, 당신은 그 직원에게 할 말을 미리 종이에 적어 보고 그것을 읽으면서 거울 앞에서 소리 내어 연습하십시오.

둘째, 가능하다면 친한 친구에게 이 문제를 상의하고 도움을 구하십시오. 친구에게 그 직원의 역할을 잠시 담당해 달라고 부탁하고 나서 당신이 할 말을 친구와 함께 역할놀이로 연습하도록 하십시오.

셋째, 그다음에는 그 직원에게 직접 이야기하도록 하는 것입니다. 직원에게 먼저 '조용히 할 말이 있으니 약 2~3분간 시간을 낼 수 있느냐?'라고 말하세요. 그러고 나서 정한 시간에 당신이 하고 싶은 말을 하는 겁니다. 그 요령은 다음과 같습니다.

- 냉수를 마시고 복식호흡을 하고 나서 신체를 이완시킨다.
- 마음이 편안해지면 잠시 생각할 시간적 여유를 가지면서 속으로 기합을 넣는다. 그리고 상대방 눈을 똑바로 바라보면서 낮고 조용하나 명확한 소리로 천천히 말하도록 한다.
- 자기 생각과 느낌을 간결하게 말하고 결코 변명하거나 화를 내지 않는다. 그리고 상대방에게 원하는 바를 구체적으로 말하도록 한다.

"G형, G형이 평소에 나를 놀리시는 데 나는 몹시 자존심이 상하였습니다. G형은 별로 악의 없이 장난으로 말씀하신다고 생각할지 모르지만 여러 사람 앞에서 나를 무시하는 말을 하였습니다. 그래서 나는 불쾌하고 화가 나 있습니다. 지난번에도 내 여자 친구가 못생겼다고 하셨고 내가 여자를 고르는 눈이 없다고 말씀하셨지요. G형은 외모로 사람을 판단하고 여자를 고르시는 모양인데 내가 보기에 G형은 아직도 어리고 유치하다고 생각됩니다. 나는 외모로 여자 친구를 고르지 않습니다. 내가 어떤 여자와 사귀든지 그것은 내 인생의 문제입니다. G형이 간섭할 사항이 아닙니다. 부탁드리겠습니다. 앞으로는 여러 직원 앞에서 나에 대하여 놀리거나 웃기는 행동을 절대로 하지 말아 주세요. 그리고 나를 대할 때 예의를 갖추어 대해 주십시오. 앞으로 저를 인격적으로 대해 주시고 저에게 친절하게 대해 주신다면 G형을 원망하지 않겠습니다. 그 대신에 G형을 따르고 존경하겠습니다."

하고 싶은 말을 시원하게 말하기

# 품위 있게
# 자기주장하는 기술

우리는 주장적 자기표현이 왜 중요하다고 규정하는가? 그 이유를 다시 한 번 정리해 보면 다음과 같다. 비주장적인 성향이 강한 사람들은 상대방을 지나치게 배려한 나머지 자기의 욕구 충족을 희생하며 자신의 인권을 타인이 침해하도록 허용하고 있다. 그 결과 자기 환멸과 울화병 내지 심인성 질환을 앓게 되고 상대방에 대한 원망과 증오가 축적되어 관계가 악화될 수 있다. 이에 반하여 공격적인 사람들은 자신의 욕구 충족과 권리 추구에 지나치게 집착한 나머지 상대방의 욕구와 인권을 침해한다. 그 결과 요구적이고 다혈질의 성격이 굳어지고 상대방의 원망을 사게 되며, 적대적인 관계로 발전할 수 있다. 또 인격적으로 미성숙하며 노년기에는 그런 성격과 관련된 질병을 앓을 수 있다.

모든 사람에게 부여된 동등한 권리와 인간의 존엄성이 존중되는 민주주의 국가에서 우리는 우리 자신의 존엄성과 인권이 침해

받지 않도록 자기의 권리를 지켜 나가야 한다. 그리고 타인의 인간적 존엄성과 권리도 침해하지 않아야 한다. 이러한 의미에서 자기주장 내지 주장적 자기표현은 매우 중요한 생활 태도다.

상호 간에 자신의 의사와 욕구와 느낌을 허심탄회하게 표현함으로써 서로가 배려받고 성장하며 기분 좋은 관계를 발전시켜 나갈 때 우리는 만족스럽고 행복한 삶을 가꾸어 갈 수 있다.

주장적 자기표현은 '사람 위에 사람 없고 사람 아래 사람 없다.'는 이념을 부모 - 자녀, 상급자 - 하급자, 연장자 - 젊은이, 남성 - 여성 간에 실현하는 방편이 될 수 있다.

그런데 사실상 많은 사람은 주장적으로 자기를 표현하는 데 능숙하지 못한 것으로 나타났다. 이 장에서는 주장적 자기표현을 할 때의 유의 사항을 소개하고 이어서 품위 있게 자기주장하는 기술을 자세히 소개한다.

# 6'
## 1
# 주장적 자기표현
# 연습하기

특정 상황에 처했을 때 주장적으로 반응해야 할지의 여부를 먼저 생각해 보고 나서 주장행동을 하도록 한다. 모든 대인관계에서 주장적 행동이 완전한 해결책은 아니므로 항상 주장적일 필요는 없다. 가령, 직장 상사나 부모에게 주장적으로 대할 때 그들의 자존심은 상처받을 수 있다. 그리하여 당신은 불손한 사람으로 인식되어 관계가 악화되거나 불이익을 받을 수도 있다. 이러한 점을 먼저 인식해야 한다. 주장적으로, 공격적으로 또는 비주장적으로 됨으로써 얻게 될 대가가 무엇인가를 예상해 보아야 한다. 시간 소모, 정력 소모, 결과 면에서 과연 어떤 것이 가치 있는 행동인가? 그런 평가 후에 선택을 하는 것이 현명하다. 예컨대, '나는 이때만은 비주장적으로 행동하겠다.'고 결정할 수 있다.

• 주장행동의 목적은 상대방을 변화시키는 것이 아니라 당신

쪽에서 주장적 행동을 익히는 것이다. 그리하여 자기경영의 만족감과 리더십을 계발하는 것이다. 주장적 반응을 통해서 당신이 원하는 바가 이루어지기도 하고 이루어지지 못할 수도 있다. 설령 구체적 소득이 없다고 하더라도 주장적인 표현을 시도해 보았다는 자체에 만족을 얻도록 한다.

- 주장적 행동에는 타인에 대해 좋은 점을 이야기하는 것도 포함된다. 그러니까 내쪽에서 먼저 칭찬하기, 호감과 감사를 표시하기, 사람들과 친해지기 등을 생활화하라.

- 당신의 요구만 주장하기보다는 상대방과 협상하고 타협하는 것도 훌륭한 주장적 반응이다.

- 지금까지 비주장적으로 행동해 왔는데 갑자기 주장적으로 행동할 경우 사람들은 당신의 행동을 공격적으로 간주할 수 있다는 점을 인식하자.

- 새로운 것을 시도하는 것은 처음엔 불편하고 이상하게 보일지도 모른다. 그러나 인내심을 가지고 행동하면 차차 쉽고 자연스럽게 된다. 주장행동도 마찬가지다. 주장행동을 할 때는 처음에는 비교적 심리적인 부담감이 적은 주장행동부터 시작하라.

- 주장행동이란 자기의 이익을 위하여 상대방에게 어떤 책략을 사용하거나 조종하는 것이 결코 아니다. 공격적인 기질의 사람들은 자기의 이익을 위해서 고압적인 태도로 상대방을 비난하고, 빈정대고, 심리분석하고, 위협하고, 임의적으로

해석을 하는 책략을 사용할 수 있다. 소극적인 성향의 사람들은 애원하고, 변명하고, 사과하고, 비위를 맞추고, 길게 중언부언하는 책략을 사용할 수 있다. 이러한 태도는 지양해야 한다. 그 대신에 솔직하고 직접적이며 간결하고 담담하게 자기가 하고 싶은 말을 하도록 한다. 그리하여 상대방이 자의적으로 당신의 요청에 응하기를 기대하는 것이다.

- 상대방을 인격적으로 예우했음에도 계속해서 당신을 무시하고 괴롭힘을 주는 경우에는, 그가 당신의 존엄성과 인권을 침해하고 있다는 점을 인식해야 한다. 이때는 당신 스스로가 당신의 권리를 방어하도록 당당하게 조처를 취해야 한다. 예를 들어, 알코올중독의 남편에게 폭언과 폭력을 사용하지 말아 달라고 부탁했는데 그가 당신의 요청을 묵살했다고 하자. 이때는 당신의 안전을 위해서 그를 경찰에 신고하고 법적 조처를 강구해야 한다.

# 2

## 주장행동 익히기

상대방에게 자신의 의사를 확실하게 표명하는 순서를 보우어와 보우어(Bower & Bower)는 네 단계로 소개하였다. 그들은 가능하면 두 사람이 이야기를 나눈 다음 합의서에 서로 사인을 하라고 제안하였다. 그들이 소개한 기법은 '나 – 전달법'과 유사한 개념이면서 보다 훨씬 더 상세한 지침을 제시하고 있다.

### 제1단계: 상황에 대한 사실적인 진술

당신이 상대방에게 할 이야기가 있을 때는 먼저 상대방에게 주의를 환기시키도록 한다. 그리고 나서 문제가 되는 상황에 대해서 사실적으로 진술하도록 한다.

- "~에 대해서 지금 이야기를 나누고 싶은데요."
- "당신이 ~할 때마다 내가 ~하게 반응하는 것은 알고 계셨

습니까? 나에게는 그 점이 신경 쓰이거든요. 그 점을 짚고 넘어가도록 합시다."

사람들은 상대방의 행동에 대해서 객관적으로 지적하지 않고 자기 나름대로 추측하고(지레짐작하고) 심리분석하는 경향이 있다. 그것은 상대방의 자존심을 건드리므로 상대방은 자기방어적으로 나오게 되고, 그 결과로 사태를 더욱 악화시킬 수 있다. 이와 반대로 문제가 되는 상황을 객관적으로 묘사하는 것이 훨씬 더 효과적이다.

### 제2단계: 자기 감정의 표현

그 상황에서 당신이 느낀 감정을 말하는 것이다. 그런데 문제가 되는 상황에서 느끼는 감정은 대개가 부정적인 감정이다. 내 쪽에서 느끼는 부정적인 감정을 어떤 식으로 표현하게 되면 상대방이 자기방어하지 않고서 나의 말을 잘 경청하게 될 것인가?

보우어와 보우어는 두 사람이 지향하는 긍정적인 가치에 바탕을 두고 자기가 느낀 부정적인 감정을 긍정적인 문구로 바꾸어서 표현하도록 연구하라고 충고한다. 그리고 은유적인 표현을 사용하는 것도 깊은 감동을 준다고 한다.

- "당신이 날 비난하니까 화가 나요."
  → "당신이 날 비난하면 내가 사랑받지 못한다는 느낌을 받아요."

- "당신 혼자서 자기 할 말만 하니까 지겨워요."
  - → "당신 혼자서 말하지 말고 나에게도 말할 기회를 주면 상호 작용이 더 재미있을 텐데요."
- "당신이 여러 사람 앞에서 나를 야단치니까 창피해서 죽겠어요."
  - → "당신이 여러 사람 앞에서 나를 야단치니까 나는 마치 벌거벗은 기분이 들었어요."

## 제3단계: 구체적으로 말하기

상대방에게 어떤 것을 시정해 달라고 요청할 때도 두루뭉술하게 말하지 말고 구체적으로 이야기해야 한다. 연구 결과에 따르면 한 번 부탁할 때 한 가지만 요청을 하게 되면 상대방이 대개는 응해 주는 것으로 나타나 있다. 그리고 상대방에게 실천 가능한 것을 부탁하는 것이 효과가 있다. 또 자기가 어떤 행동을 하겠다는 제안을 하면서 상대방에게 새로운 행동을 해 달라고 부탁하는 것이 효과적이다. 주고 받음(give and take)의 원리를 적용하라는 말이다.

## 제4단계: 상대방이 응해 주었을 때의 보상을 언급하기

상대방에게 어떤 부탁을 할 때 응해 주게 되면 어떤 보상이 따를 것이고 응해 주지 않으면 어떤 손해나 불이익이 따를 것인가를 언급하는 것이 효과적이다. 보상은 반드시 물질적인 것만은 아니다. '당신이 ~해 준다면 나는 매우 기분이 좋을 거예요.'라는 식으로 말하는 것도 보상에 해당한다. 상대방이 어떤 행동을 이행하지 않을 경우에는 어떤 불이익을 주겠다고 제시할 수도 있다. 이때는 가능한 한 경미한 불이익을 사용하는 것이 좋다. '난 이 집에서 도망칠 거야.'라든지 '당신을 떠날 거예요.'와 같은 협박적인 말이나 심한 부작용이 예상되는 말은 자제하도록 한다.

이상에서 소개한 1~4의 단계를 나는 편의상 '사 - 감 - 구 - 상'이라고 명명해 보았다.

|  |  | 할 일 | 해서는 안 될 일 |
|---|---|---|---|
| **사실적인 진술** | 사1 | 상대방의 행동을 묘사한다. | 그 행동에 대한 당신의 감정을 묘사한다. |
|  | 사2 | 구체적인 용어를 사용한다. | 추상적이고 모호한 표현을 한다. |
|  | 사3 | 언제, 어디서, 몇 번 행동했는가를 말한다. | 항상, 언제나, 꼭이라는 단어를 사용한다. |
|  | 사4 | '동기'가 아니라 '행동'만 묘사한다. | 상대방의 동기나 의도를 추측한다. |
| **감정 표현** | 감1 | 당신 감정을 표현한다. | 당신 감정을 부인한다. |
|  | 감2 | 조용한 목소리로 말한다. | 감정을 폭발한다. |
|  | 감3 | 원하는 방향과 관련하여 긍정적인 문구로 감정을 표현한다. | 부정적인 문구로 감정을 표시하며 멸시하거나 공격한다. |
|  | 감4 | 자기 마음에 들지 않는 행동만 언급한다. | 인신(그 사람의 됨됨이) 공격을 한다. |
| **구체화** | 구1 | 상대방이 변화해 주기를 바라는 행동에 대해서 확실하게 말한다. | 무턱대고 변화해 달라고만 말한다. |
|  | 구2 | 작은 변화를 부탁한다. | 너무 큰 변화를 요구한다. |
|  | 구3 | 한 번에 한두 가지만 부탁한다. | 너무 많은 변화를 요구한다. |

품위 있게 자기주장하는 기술

| | | | |
|---|---|---|---|
| | 구4 | 중단할 행동과 새로 수행할 행동을 구체적으로 말한다. | 두루뭉술하게 말한다. |
| | 구5 | 상대방이 큰 손해를 보지 않도록 고려한다. | 상대방의 형편을 무시하고 자기 만족만 요구한다. |
| | 구6 | 당신 자신도 어떤 행동을 바꿀 것인지에 대하여 말한다. | 상대방만 변화하라고 말한다. |
| 결과에 대한 보상 | 상1 | 결과의 추이를 확실히 한다. | 보상과 불이익을 차마 얘기하지 못한다. |
| | 상1 | 바람직한 방향으로 변화하면 긍정적인 보상을 준다. | 변화가 없으면 처벌만 한다. |
| | 상2 | 상대방에게 강화가 되는 것을 선택한다. | 당신에게만 보상이 되는 것을 선택한다. |
| | 상3 | 행동 변화를 유지하기에 충분한 보상을 제시한다. | 현실적으로 당신이 해 줄 수 없는 보상을 제의한다. |
| | 상4 | 행동 변화를 거절하면 불이행의 정도에 부합되는 불이익을 말해 준다. | 으름장을 놓고 협박한다. |
| | 상5 | 실제로 실천할 의향이 있는 불이익만을 말해 준다. | 비현실적인 협박이나 자해적인 불이익을 선택한다. |

**주장적인 대화의 원칙**

사례를 통해 '사-감-구-상'의 순서로 주장적인 대사를 준비하는 요령을 살펴보자.

신유리 씨는 약 1~2년 전부터 교회에 다니기 시작하였는데 그의 남편 조길수 씨는 아직 교회에 다닐 생각이 없다. 일요일 아침마다 조길수 씨는 아내에게 핀잔을 준다.

'가까운 동네 교회를 나갈 일이지 왜 굳이 먼 곳의 교회를 나가 야 되느냐? 기름 값도 많이 들고 시간도 더 걸리고 일요일은 하루 종일 내가 아이들을 돌보아야 하니 힘들다.'는 것이 남편의 요지 다. 신유리 씨는 지난 1년 동안 마치 죄지은 사람처럼 남편의 눈 치를 살피며 아양을 떨었지만 남편은 점점 더 고압적으로 나온다. 신 씨는 자기를 어린아이 취급하고 간섭하는 남편에 대하여 더 이 상 참을 수가 없고 화가 폭발할 지경이다.

신유리 씨가 한 말을 '사 – 감 – 구 – 상'의 형태로 살펴보면 다음 과 같다.

사: "여보, 교회 문제로 제발 잔소리 좀 그만해요."
감: (화난 목소리로 찡그리며) "지겨워 죽겠네."
구: "날 간섭하지 말아요."
상: "앞으로도 계속 일요일마다 날 구박하고 핀잔 주면, 나는 아 이들 다 놔 두고 도망가 버릴 테니까 그리 아세요."

신유리 씨의 진술은 보통 사람들이 곧잘 사용하는 문장인데 그 말 속에는 앞의 표에서 지적된 모든 실수를 포함하고 있다.

신 씨는 남편의 행동에 대해 '잔소리'라고 모호하게 표현하였다. '잔소리'라는 말 대신에 구체적인 행동적 용어로 표현해야 한다.

"당신 뜻대로 날더러 가까운 교회에 나가라고 한다."라고 표현 해야 한다. 그리고 감정을 격렬하게 표현하여 공격적으로 대응하

반응적인 대화

기보다는 조용한 목소리로, 되도록이면 긍정적인 문구로 감정을 표현해야 한다. "지겨워 죽겠네."를 "마치 미성년자로 취급받는 것 같아 짜증이 나요."라고 하는 편이 더 낫다. 그리고 배우자에 대한 요청을 구체적으로 하면서 배우자가 달리 행동했을 때 어떤 보상 이 주어질 수 있는가에 대해서도 언급한다.

남편이 아내의 인격을 존중해 주거나 아내의 마음을 이해해 주 지 못한 채 자기 할 말만 고집하므로, 신유리 씨는 이에 대하여 불 쾌한 감정을 느끼며 감정적인 반응을 보내고 있다. 이렇게 감정적 으로 나오는 행동을 '반응적(reactive)'이라고 한다. 피차간에 공격 적-공격적인 반응은 서로 이기려고 하는 말싸움의 악순환으로 이어진다. 이것을 우리는 '힘겨루기(power struggle)'라고 말한다. 그러니까 두 사람의 언쟁은 여전하다.

드디어 신유리 씨가 연구에 연구를 거듭한 끝에 남편에게서 호의적인 반응을 얻어 내도록 자기주장적인 사 – 감 – 구 – 상의 대사를 만들었다. 그 내용은 다음과 같다.


사: "당신은 내가 원하는 교회에는 나가지 말고 동네 교회에 나가라고 하는군요. 그리고 당신 나름대로 여러 가지 이유를 제시하는군요."

감: "당신의 말을 듣고 있자면 나는 마치 어린애로 취급받는 것 같아 짜증이 나요. 난 어른인데 어른은 자기가 가고 싶은 교회를 선택할 권리가 있잖아요."

구: "지금부터는 나더러 어떤 교회를 가라 마라 하고 말하지 마세요."

상: (긍정적) "당신이 지금부터 교회 일로 시비를 걸지 않으면 이번 주일 오후에는 교회에 다녀온 다음 가족 소풍을 가도록 준비할게요."

(부정적, 필요한 때만) "당신이 교회 일로 앞으로도 계속 시비를 걸면 난 당신 말에 일체 반응하지 않을 거예요. 그리고 내 할 일만 할 거예요!"

주장적인 대화

C학점

A학점

사실적인 진술

C학점

A학점

감정 표현

품위 있게 자기주장하는 기술

C학점            A학점

구체화

C학점            A학점

결과에 대한 보상

'사 – 감 – 구 – 상'을 사용하는 C학점 아내와 A학점 아내

# 3

## 당당하게 맞서고
## 설득하기

인본주의 심리학자인 매슬로(Abraham Maslow)는 인간의 기본적 욕구 내지 심리적 동기를 다섯 가지 위계(位階)의 차원으로 설명하였다. 모든 인간은 ① 생리적 욕구, ② 안전의 욕구, ③ 소속감의 욕구, ④ 존경의 욕구, ⑤ 자기실현의 욕구를 충족하려고 한다는 것이다. 그중에서도 심리적 욕구에 해당하는 소속감(애정), 존경(힘), 자기실현의 욕구를 다른 말로 표현하자면 친밀성에 대한 욕구와 개체성에 대한 욕구라고 말할 수 있다. 우리는 가까운 사람들과 따뜻한 정을 주고받으며 살고 싶어 한다. 또한 자기만의 개성과 고유성을 가지고 주체적인 인생을 꾸려가고 싶어 한다. 그러기에 남들의 간섭을 받거나 통제받게 되면 몹시 견딜 수 없어 하고 혐오감과 분노, 반항심을 느끼게 되는 것이다.

대인 간의 갈등도 따지고 보면 당사자들의 심리적 욕구 간에 충돌이 일어나는 현상이라고 볼 수 있다. 갈등 상황을 바람직하게 풀어나가는 방식은 서로가 상대방의 인격적 존엄성을 인정해 주면서 각자의 상이한 욕구를 충족할 수 있도록 수용-경청하고, 양보-타협하며 현실적인 관점에서 협력하는 것이다. 그것은 구체적으로 상대방의 자존심을 가능한 한 손상시키지 않으면서 자신의 자존감을 지키는 행위로 나타나야 한다. 이것이 민주적인 평등의 개념이다. 그것은 주장적 자기표현의 방식으로 실현될 수 있다.

이제 당신은 상대방에게 품위 있게 주장적인 반응을 보내는 방법을 터득하였다. 그런데 당신이 대화하자고 요청할 때 상대방이 신통한 반응을 보이지 않거나 자기방어적으로 나오기 때문에 문제해결에 진척이 없어 답답함을 느끼는 경우가 있을 것이다.

예를 들어, 당신이 대학생이라고 하자. 다음 학기에 기숙사에 들어갈까, 원룸(One Room)을 임대해서 살까를 부모님과 논의하려고 하는데 아버지는 갑자기 당신의 이성교제 문제로 화제를 돌리고 당신을 야단치신다. 이처럼 상대방이 당신이 원하는 주제의 대화를 회피하고 자기방어적으로 나오는 책략에는 ① 미루기, ② 관심을 돌리기, ③ 부정(否定)하기, ④ 고함과 욕설하기(언어적 폭력을 사용하기), ⑤ 유머로 넘기기, ⑥ 달리 해석하기, ⑦ 심리분석하기, ⑧ 동정심을 불러일으키기, ⑨ 언짢은 표정과 침묵으로 응대하기, ⑩ 지나치게 사과하기, ⑪ 위협을 가하기, ⑫ 논쟁하기, ⑬ 일체의 타협을 거부하기 등이 있다.

상대방이 이러한 책략을 사용할 때 당신 쪽에서는 그런 책략에 절대로 말려들지 않아야 한다. 주로 앞과 같은 방식으로 당신을 조종하는 사람이 있다면 그는 그러한 책략을 사용하여 당신을 통제하는 데에 익숙한 사람이다. 그러므로 그가 비록 사랑하는 배우자나 부모일지라도 엄밀한 의미에서 그는 당신의 인간적 권리와 존엄성을 무시하고 있는 셈이다. 초지일관 의연하게 자기를 주장하려면 어떻게 할 수 있을까? 당신은 주도적인 입장에서 다음과 같은 방편을 사용할 수 있다.

- 끈질기게 주장한다—요점을 반복하여 말한다.
- 그의 말에 찬성하지 않는다—솔직하고 직접적으로 반대의사를 표시한다. "저는 반대입니다."
- 느낌과 생각을 강조한다—그 상황에서 당신이 느끼는 감정과 생각을 강조하되 좀 더 자세하게 설명하고 중요성을 부각시킨다.
- 먼저 동의하고 이어서 이의(異意)를 말한다—당신은 상대방이 어떤 감정이나 결론을 내릴 수 있다는 점에는 동의를 표시한다. 그러나 당신도 그와 똑같이 느끼고 동일한 결론을 내려야 한다는 생각에는 반대한다.
- 상대방의 의견을 무시한다—상대방의 의견을 재빨리, 그리고 전적으로 무시한다. "여기서는 그게 문제가 아닙니다."
- 재정의한다—상대방이 당신의 행동에 대하여 부정적으로 평가할 때는 그것을 수용하지 않는다. 그 대신에 당신 행동을

품위 있게 자기주장하는 기술

긍정적인 용어로 재정의한다. "내가 요란스럽게 구는 게 아닙니다. 나는 다만 친구에 대하여 호기심이 많아서 자연히 관심을 보인 거죠."

- 짧게 대답한다―때로는 '예' '아니요'나 간결한 대답을 신속하게 하는 것이 당신이 다루고자 하는 주제로 대화의 방향을 돌리기가 용이해진다.

- 질문을 한다―상대방이 당신을 두루뭉술하게 비판하면 그것을 수용하지 말고 명료화를 위한 질문을 하도록 한다. "당신은 내가 바보같이 군다고 말씀하시는데 구체적으로 나의 어떤 행동이 바보 같다는 것입니까?"

- 상대방에게 부과될 결과를 이야기해 준다―당신이 상대방의 행동을 더 이상 참을 수 없다고 느끼거나 상대방에게서 협박받는다는 느낌을 받게 될 때는 당신 쪽에서 어떤 조치를 취할 것인지를 통고한다. 상대방이 그런 불쾌한 행동을 계속할 때는 어떠한 결과가 뒤따르는지를 알려 주는 것이다. 그러나 이와 같이 최후 통첩하는 방식을 취하면 상대방이 앙갚음을 할 수 있기 때문에 사전에 숙고하고 나서 말하도록 유념해야 한다.

이제 대화를 회피하고 자기방어적으로 나오는 각각의 경우에 대해서 어떻게 해야 하는지 예를 통해 다시 한 번 살펴보자.

### 미루는 상대

"지금은 너무 피곤해요(바빠요). 다음에 이야기합시다."라고 말하면서 당신과 대화하기를 계속 미루는 경우다.

#### ① 끈질기게 주장한다

"그 문제를 해결하는 것이 나에게는 매우 중요합니다. 30분 정도만 얘기하면 될 거예요."

#### ② 대화 시간을 약속한다

"오늘 시간이 없으면 내일(또는 토요일에) 30분만 이야기합시다. 약속을 꼭 지키세요." 이렇게 약속을 하였으면 상대방이 또 미루지 않도록 촉구하고 그 시간에 반드시 대화하도록 노력해야 한다.

### 관심을 돌리는 상대

"야! 당신이 화를 내면 뾰로통한 게 더 예뻐 보이네!"라고 말하면서 화제를 돌려 버리는 경우는 끈질지게 주장한다.

"그건 우리의 대화 주제가 아니에요. 내가 말하고 싶은 요점은……."

### 부정(否定)하는 상대

"나는 빨리 나오라고 소리친 건데 당신은 나를 항상 오해한단 말이야."라고 말하면서 자기가 화를 내고 질책한 것을 부인하는

품위 있게 자기주장하는 기술

경우다.

① 재정의한다

"나는 당신의 의도를 지레짐작하는 것이 아니에요. 실제로 당신이 화를 내고 야단치는 것을 객관적으로 말하고 있는 거예요."

② 끈질기게 주장한다

"어쨌든 나는 당신이 눈을 부릅뜨고 호통 치지 말고 그 대신에 부드럽게, 낮은 목소리로 말해 주기를 원해요."

**욕설(언어적 폭력)을 사용하는 상대**

"야, 싸가지 없는 ○○야! 넌 사냥개냐? 내 행방이나 조사하고, 홍! 불행하다고? 네가 무슨 감정을 느끼든 말든 내가 알게 뭐냐?"라는 식으로 욕설과 거친 말을 하는 경우다.

① 감정의 강도를 낮추어서 재정의한다

"내가 당신이 하고 있는 일을 알아보고 관찰할 수 있지요."

② 먼저 동의하고 이의를 말한다

"당신 마음대로 생각하세요. 그러나 우리가 부부로 살아가려면 서로가 믿고 살아야 하고 서로가 기분이 좋은 상태로 지내는 것이 매우 중요하다고 생각해요."

③ 끈질기게 주장한다

"이것은 아주 중요한 문제입니다. 우리가 신뢰하면서 살아가야 하지 않아요? 되도록이면 나에게 당신이 하는 일이나 당신의 거처를 알려 주세요."

## 유머로 넘기는 상대

"난 그저 장난으로 말한 건데."라고 하면서 자기 행동에 대한 책임을 회피하는 경우다.

① 먼저 동의하고 나중에 이견(異見)을 말한다

"그랬어요? 그러나 그것은 장난의 말에는 해당되지 않습니다."
(또는 "장난할 상황이 아니었습니다.")

② 감정을 강조한다

당신이 "여러 사람 앞에서 저를 ~할 때 저는 정말 화가 났습니다."

## 심리분석하는 상대

"네가 성적이 나쁘니까 선생님께 잘 보이려고 부지런히 청소하는 거지? 나는 다 안다."라고 말하면서 자기 나름대로 당신의 행동을 평가하고 해석하는 경우다.

① 짧게 대답한다

"네 멋대로 해석하지 마라."

② 반대의견을 말한다

"내가 부지런히 청소하는 이유는 따로 있는 거야."(굳이 자세한 이유를 설명하지 않아도 된다.)

③ 질문한다

"너는 왜 청소를 안 하고 있니?"

## 동정심을 구하는 상대

"당신은 너무 나빠요. 나를 구박만 하고……."라고 말하면서 매번 눈물만 흘린다거나, 이야기를 하자고 당신이 제안하면 어디가 아프다고 말하면서 자리에 누워 버리는 경우다.

① 대화 시간을 정한다

"당신이 울고만 있으니 대화가 안 돼요. 이 문제는 내일 아침 식사 시간에 다시 이야기합시다."

② 편지를 쓴다

말 대신에 하고 싶은 이야기를 글로 써서 피력하는 것도 매우 효과적이다.

## 언짢은 표정과 침묵으로 맞서는 상대

잔뜩 찌푸리고 경직된 표정으로 입을 다물고 있어서 당신 쪽에서 말을 걸 수 없게 만드는 상대가 있다. 시위적인 자세와 침묵을 이용하여 당신을 견제하려고 하는 경우다.

### ① 먼저 동의하고 이견을 말한다

"당신이 이 문제로 몹시 화가 나 있는 것 같은데 그건 이해가 갑니다. 그렇지만 이 문제는 내게 매우 중요해요. 그래서 화만 낼 것이 아니라 우리가 서로 대화를 나누고 나서 ~하게 정리하기를 원합니다."

### ② '사–감–구–상'을 표현하고 질문한다

당신이 만들어 놓은 '사–감–구–상'을 들려주고 나서 다음과 같이 질문한다.

"당신은 제 말을 알아들으셨지요?"
"당신이 아무 말하지 않는다는 것은 내 말에 동의한다는 것으로 받아들일게요. 그래도 되지요?"

### ③ 새로운 '사–감–구–상'을 고안하고 최후의 통첩을 보낼 수 있다

상대방의 신체언어에서 풍기는 느낌이 너무 적대적이어서 당신

품위 있게 자기주장하는 기술

이 심리적으로 얼어붙게 되고 심한 고통과 스트레스를 받게 되는 경우는 새로운 '사-감-구-상'을 연구할 필요가 있다. 그리고 최악의 경우는 '최후의 통첩'을 보낼 수도 있다.

사: "당신은 불만이 있을 때마다 나를 노려보고 말을 하지 않는 습관이 있거든요. 이번에도 별것 아닌 문제를 가지고 말을 하지 않고 지낸 지가 벌써 며칠이 되었군요."

감: "당신이 그렇게 화난 얼굴로 침묵하고 있으면 난 정말 속이 터질 것 같이 답답하고 몹시 짜증이 나요."

구: "당신이 화가 날 때는 왜 그러는지 나에게 솔직하게 말을 해주세요. 그래야 내가 당신의 속마음을 알 것 아니에요? 매일 20분 정도 대화하면 어때요? 당신이 편한 시간이 언제죠?"

상(긍정적): "우리가 20분씩 이야기를 나누게 되면 내가 당신이 원하는 대로 맞추어 보려고 노력할게요. 그러면 우리 둘이서 만족할 수 있는 타협안도 찾아낼 수 있을 거예요."

상(부정적): "당신이 느끼는 감정이나 원하는 바를 말해 주지 않으면 나는 우리의 관계를 개선하려는 노력을 더 이상 하지 않을 거예요. 그리고 이렇게 생활하는 우리의 관계도 아주 끊어 버릴 작정이에요."

## 위협하는 상대

"당신이 내 말을 듣지 않으면 가만히 두지 않을 거야. 손 좀 봐 줄까?" "모가지를 비틀어 놓을 테니까." 또는 "네가 그렇게 나가면 너의 가족이 어떻게 되는지 알지? 네 눈으로 뜨거운 꼴을 보고 싶다는 거냐? 어디 두고 보자."라는 식으로 말하거나 협박적으로 당신을 억누르는 경우다.

### ① 단호하게 말한다

위협하는 것은 일종의 떼쓰는 행위(temper tantrum)로서, 당신을 조종하려는 것이다. 당신은 그런 책략에 넘어가서 조종당하지 않도록 단호하게 맞서야 한다. 그가 당신을 협박하여 제압하려고 하는 것은 불평등한 관계에서 갈등을 처리하는 아주 미성숙한 방식이며 힘, 폭력, 위협의 사용은 비윤리적인 행위라고 분명하게 말해 준다.

### ② '사 - 감 - 구 - 상'을 말해 주고 최후 통첩을 한다

상대방이 계속하여 협박을 하게 되면 어떠한 결과가 뒤따르게 될지에 대하여 이야기해 준다. 이것은 불을 불로 끄는 작전과 같다. 그리하여 사태가 악화될 소지가 있기 때문에 최후 통첩을 사용할 경우는 사전에 신중하게 생각하고 나서 한다.

### 논쟁하는 상대

"왜 나더러 변하라고 하지요? 당신은 왜 그렇게 느끼지요?"라는 식으로 말끝마다 "왜?"라고 질문하고 논리적으로 따져서 당신을 굴복시키려고 하는 경우다.

① 짧게 대답한다

상대방이 던지는 '왜?'라는 질문에 대하여 자세하게 대답하면 상대방은 자기 특유의 논리로 당신을 공박할 것이다. 그러므로 당신이 길게 대답함으로써 논쟁 속으로 말려드는 미끼를 제공하지 않도록 유념해야 한다. 그 대신에 당신이 하고 싶은 말만 짧게 대답하면 된다. "왜냐하면 나는 그렇게 느껴지니까요. 그렇게 느끼는 것은 다만 그렇게 느껴지는 것이기 때문에 이유가 없는 겁니다."

논쟁하는 상대를 다루기 – 짧게 대답하기

② 끈질기게 주장한다

"아무튼 당신이 좀 변해야 해요. 지금까지 20년간은 그런 방식으로 살았으니까 앞으로 20년간은 그와 다른 방식으로 사는 것이 필요해요. 변화가 있어야 돼요."

논쟁하는 상대를 다루기 – 끈질기게 주장하기

품위 있게 자기주장하는 기술

# 4

# 사 례

## 사례 1 부모를 무시하는 자녀 다루기

Q 저는 두 명의 자녀를 둔 가장입니다. 저는 가난한 환경에서 힘들게 고등학교를 졸업하고 자수성가하였습니다. 사업이 잘 되어 한때는 남부럽지 않게 살았습니다. 그런데 동업한 친구에게 사기를 당한 이후로 가세가 기울어 지금은 어렵게 생활하고 있습니다. 저는 그동안 아이들에게 고생을 많이 시켜서 미안하게 생각해 왔는데, 그렇더라도 대학 다니는 아들이 저를 무시하는 것은 매우 괴롭습니다. 아들 녀석은 걸핏하면 '아빠 노릇을 한 게 무어냐?' '아빠는 무식해서 하는 일마다 망한다. 가장으로서 자격이 없다.'는 식으로 말을 합니다. 저는 뭐라고 할 말이 없어서 속으로 화만 삭이고 있습니다. 이럴 때는 어떻게 해야 제 체면을 살릴 수 있을까요?

81

A 선생님은 자녀에게서 정당한 대우와 존경을 받지 못할 때마다 몹시 자존심이 상하셨겠습니다. 현실적으로 선생님께서 모아 놓은 재산을 날리는 실수를 했기 때문에 아들의 비난이 옳다는 생각을 하고 계실 겁니다. 그래서 선생님 스스로가 아버지로서의 자격이 없다는 것이 옳다고 생각하지 않을까요? 그러나 부모가 된다는 것은 학력과 지식 또는 어떤 능력에 따라서 결정되는 것이 아닙니다. 직장의 지위는 학력과 능력에 따라 주어지지만 아버지나 어머니가 된다는 것은 인간이라는 조건에 따라서 자연적으로 되는 것이기 때문에 걸인도, 장애인도, 끔찍한 죄인도 자식을 낳을 수 있고 부모가 되는 것입니다. 그러므로 아들의 판단은 잘못된 것입니다.

또 선생님께서 고의적으로 재산을 탕진한 것이 아니고 친구의 속임에 넘어가서 실수로 재산을 날린 것입니다. 인간은 실수하는 존재입니다. 가산을 탕진한 것은 대단히 불행하고 섭섭한 사건이지만 선생님은 어쩔 수 없이 그런 실수도 할 수 있는 인간입니다. 그리고 그 재산은 아들이 번 것이 아니라 선생님이 번 것입니다. 그러므로 아들이 이 다음에도 똑같이 선생님을 무시하는 말을 하게 되면 선생님께서는 절대로 화를 내지 말고 다만 배짱을 가지고 다음과 같은 내용의 말을 하십시오. 아들 눈을 똑바로 응시하면서 나지막하나 힘 있는 목소리로 말하십시오.

"그렇다. 내가 재산을 날려서 온 식구가 고생하게 된 것은 사실

품위 있게 자기주장하는 기술

이다. 나는 그 점에 대하여 너무 속상하고 너희 고생시킨 것이 정말 가슴이 아프다. 그렇지만 나는 너희를 키워 주고 교육시켜 주었다. 너희를 남들처럼 호의호식하게 해 주지는 못했지만 다 장성한 네가 아비를 아비로서 대우해 주지 않는다는 것은 너무도 괘씸하고 기분 나쁘다. 부모는 어떤 자격이나 학력이나 능력이 있어서 되는 것이 아니라 천륜으로 되는 것이다. 자식도 공부 잘하고 똑똑해야 자식이 되는 것이 아니다. 백치든 장애아든 무조건 어느 집안에 자식으로 태어나면 자식이 되는 것이다. 부자(父子)란 '관계'로 이루어지는 사이인데 네가 공부는 할 줄 안다마는 너무도 모르는 것이 많다.

재산을 날린 것은 내 의지로 된 것이 아니라 실수로 된 것이다. 인간은 실수하기 마련인데 네가 나를 판단한다면 네가 하나님이란 말이냐? 너는 단 한 번도 실수를 하지 않는 사람이라고 장담할 수 있느냐? 네가 부모를 판단하는 것은 자식된 도리로서 부모에게 보여 줄 예의가 아니다. 나는 그것을 몹시 불쾌하게 생각한다. 다음부터는 설령 네가 나를 먹여 살리는 한이 있더라도 이 세상에 너의 생명이 있게 한 나의 존재, 아빠의 존재에 대하여 깍듯이 예우해 주기를 바란다. 나는 그런 자식을 원하는 것이다. 알아들었느냐? 나는 네가 그런 아들이 되어 줄 때 매우 기쁘고 너를 자랑스럽게 여길 것이다."

Q 저희 엄마는 말씀이 많으십니다. 제가 성인인데도 마치 초등학생같이 취급하시고 일일이 간섭하십니다. 저는 처음에는 참고 어머니 말씀을 듣다가 나중에는 폭발하게 됩니다. 잔소리하는 엄마와 잘 지낼 수 있는 방법은 없을까요?

A 당신은 어머님의 마음을 상하게 하고 싶지 않은데 어머니가 당신을 미성년자처럼 취급할 때면 그 마음이 사라지고 짜증이 나지요? 당신 어머니가 당신에게 애정 어린 관심을 보이고 있는 것은 사실이지만 엄격한 의미에서 당신을 인격적으로 존중해 주는 것이 아니므로, 당신은 정당한 대우를 받지 못하고 있다 하겠습니다.

어머니에게 '공감적 주장'을 하십시오. 이 장에서 소개한 '사－감－구－상'의 기법으로 주장하십시오. 한 가지 덧붙이자면 어머니와 당신은 힘겨루기나 앙갚음이나 의사소통의 걸림돌을 사용하지 않도록 해야 합니다. 그리고 어머니에게 당신을 귀한 어른으로서 예우해 달라고 말하십시오. 당신이 할 말을 대략 적어 보면 다음과 같습니다.

"엄마, 저를 사랑하신 나머지 저의 행동에 관심을 가지는 것을 잘 알고 있어요. 그런데 엄마가 지나치게 간섭하니까 엄마에 대한 고마움이나 존경이 사라져요. 엄마 말만 들으면 신경질이 나서 성격이 고약해져요. 이대로 가다가는 엄마를 보기 싫다는 마음이 생겨서 어쩌면 죽는 날까지 엄마를 멀리할 것 같아요. 내가 엄마를 보고 싶고 존경하도록 해 주세요. 그것은 엄마가 나를 간섭하지 않으면 되는 거예요. 하고 싶은 말을 꾹 참고 다만 나를 지켜 봐 주세요.

만약에 엄마가 그렇게 노력하면 한 달 후에 엄마가 좋아하는~을 선물할게요. 그런데 엄마가 그렇게 노력하지 않으면 나는 엄마의 말씀을 듣지 않을 거예요. 엄마 말에 일체 반응하지 않고 밖으로 나가서 늦게 들어오고 내 마음대로 살 거예요. 그리고 가능한 한 빨리 독립해서 멀리 멀리 나가 살 거예요. 이것은 내가 나이 들어서까지 엄마와 사이좋게 지내기 위한 방편이에요. 엄마, 아셨지요? 내가 뭐라고 부탁했어요?"

# 확신과 배짱을 가지고
# 자기표현하기

이 장에서는 주장적 행동을 방해하는 생각에서 벗어나는 법과 주장행동을 하는 데 수반된 불안을 극복하는 방법에 대하여 살펴 보겠다.

나의 소견과 감정을 말하면 혹시 상대방에게 내가 상처를 주는 것이 아닌가 하고 염려하는 사람들이 있다. 이런 생각은 주장행동 을 방해한다. 그리하여 비주장적으로 나오게 되면 내가 원하는 것 을 끝내 얻지 못할 뿐만 아니라 자신의 유약함에 대해서 환멸감을 느낄 수 있다. 또 상대방을 원망하고 증오할 수 있다. 그러므로 당 당하게 자기의 할 말을 표현할 수 있는 방법을 연구해야 한다.

그것은 먼저 왜 자기주장이 필요한가를 생각해 보고 그에 대한 확신을 갖는 것이다. 또 용기를 내어 자기가 하고 싶은 말을 피력 했다가도 상대방이 불같이 화를 낸다거나 위협적으로 나오면 당 황하여 부질없이 사과하고 슬그머니 양보해 버리는 사람들이 있

다. 주장행동에 수반되는 불안을 감당해 내지 못하기 때문에 상대
방에게 쉽게 굴복하는 것이다. 그러므로 두 번째로 고려해야 할
사항은 여리고 불안한 마음에 압도되지 않고 의연함을 가지고 대
할 수 있는 배짱을 길러 주는 것이다.

# 자기주장에 대한
# 확신 갖기

왜 자기주장이 필요하며 어떤 면에서 자기주장은 나와 상대방
에게 유익한가? 그에 대한 확답을 알게 되면 당신은 주장적 자기
표현에 대한 신념을 가지고 임할 수 있다. 이런 신념은 먼저 나에
게 주어진 인간적 권리가 무엇인지를 살펴봄으로써 얻을 수 있다.
그리고 우리가 소극적인 대처 방식과 공격적인 대처 방식을 취하
는 원인과 득실을 분석해 봄으로써 얻을 수 있다. 이에 대해 제1장
에서 간단히 살펴보았는데, 여기서는 소극적 대처 방식의 원인과
공격적 대처 방식의 원인을 따로따로 구체적으로 살펴보겠다.

## 나의 인간적 권리

나에게 주어진 인간적 권리를 부정하거나 유린당하게 되면 무
력감을 느끼게 되고 자존감이 크게 손상된다. 자신을 품위 있게
지키기 위해서는 나에게 주어진 인권을 확인할 필요가 있다. 우리

모두에게 주어진 인간적 권리를 몇 가지 열거해 보자.

- 자신의 생각과 희로애락의 감정을 표현할 수 있는 권리
- 질문을 하거나 이의를 제기할 수 있는 권리
- 자신의 말을 경청해 달라고 요구할 수 있는 권리
- 모른다고 말할 수 있는 권리
- 인격적으로 대우받고 존경받을 수 있는 권리
- 자기에게 주어진 권리 안에서 선택하고 의사 결정할 수 있는 권리
- 실패하고 실수를 할 수 있는 권리
- 자신의 마음을 바꿀 수 있는 권리
- 즐기고 휴식을 취할 수 있는 권리
- 남들과 다른 개성으로 살 수 있는 권리
- 자기의 위치와 역할(예: 자녀, 배우자, 조직의 사원)상 주어진 인간적 권리를 향유할 수 있는 권리
- 자기의 경계선(예: 재산, 에너지, 시간)을 지키고 한계점을 그을 수 있는 권리
- 상대방의 요청을 거절할 수 있는 권리
- 상대방에게 요청을 할 수 있는 권리
- 자기 자랑을 할 수 있는 권리
- 자신을 알릴 수 있는 권리
- 화가 나면 화를 내고 눈물이 나오면 울 수 있는 권리
- 기타

## 소극적(비주장적)인 대처 방식의 원인 분석해 보기

그렇다면 우리는 어떠한 심리작용 때문에 확실하게 자기표현을 하지 못하는가?

자기를 확실하게 표현하지 못하는 사람들은 거의가 '마음이 여리고 착한 사람'들이다. 소위 '착한 사람 증후군'에 속한 이들은 대개 자신감이 부족하거나 낮은 자아개념을 가지고 있다고 한다. 어떤 사람은 이야기를 하다가 감정이 폭발할까 봐 두려워서 자기표현을 자제한다고 말한다. 허심탄회하게 자기표현을 하지 못하고 소극적으로 임하는 원인을 좀 더 명확하게 살펴보면 다음과 같다.

### ① 다른 사람들이 나를 싫어할까 봐 두려워한다

'사람들이 나를 인정해 주지 않으면 큰일이다.' '남들이 나를 나쁜 사람이라고 보게 될까 봐 걱정스럽다.' '선임자에게 잘못 보여 손해를 보거나 보복을 당하게 되면 끝장이다.' 이러한 생각을 가지고 있기에 다른 사람이 당신을 인정해 주지 않게 되면 당신은 '틀림없이 내가 무언가 잘못을 했기 때문이다.'라고 믿게 된다. 그러고 나서 '나는 나쁜 사람이다.'라고 생각한다. 그런 생각이 과연 사리에 맞는 것인지를 검토해 보아야 한다. 다른 사람이 당신을 곱지 않은 눈으로 보고 있다고 해서 당신이 자동적으로 나쁜 사람이 되는 것은 결코 아니다. 이 문제는 두 가지 측면에서 고려해 볼 수 있다.

첫째, 당신이 잘못 행동하였기 때문에 상대방이 당신을 싫어할

확신과 배짱을 가지고 자기표현하기

수 있다. 이 경우에도 당신이 실수를 범한 것은 사실이지만 그렇다고 해서 당신의 인간 됨됨이 전체가 잘못된 것은 아니다. 그러므로 당신은 나쁜 사람이 아니다. 우리는 '행위'와 사람의 '됨됨이'를 구별해야 한다.

둘째, 당신에게 잘못이 있기 때문이 아니라, 그들의 편견과 그릇된 기대 때문에 당신을 호의적으로 받아들이지 않고 배척하는 경우가 있다. 그러니까 어떠한 일이 있어도 그들(예: 상사나 어른들)의 기대에 맞추어야 한다는 생각은 타당하지 않다. 당신이 아무리 많은 노력을 경주하여 환심을 사려고 하더라도 상대방은 당신을 싫어할 수 있다. 그럼에도 불구하고 상대방이 당신을 싫어할까 봐 당신의 모든 것을 희생하고 비위를 맞추다 보면 당신이 심리적으로 노예 상태에 놓이게 될 수 있다. 그의 기분에 따라 당신의 행복감과 불행감이 좌우되기 때문이다. 그러므로 어떠한 경우든지 사람들에게 인정을 받아야 한다고 하는(당위적인) 생각은 비현실적이고 비합리적이다. 우리가 모든 사람에게서 인정과 사랑을 받게 된다면 참으로 기분 좋은 일이겠지만 현실적으로 그것은 거의 불가능하다. 엘리스(Ellis)는 모든 사람에게서 인정받고 사랑받아야 한다는 생각은 비합리적인 신념이라고 하였다. 그런 신념(생각) 때문에 우리는 비주장적으로 행동하게 된다.

② 다른 사람의 감정을 상하게 할까 봐 조심스러워 한다

'내가 해 준 말을 듣고 나서 상대방이 크게 상처받고 자포자기하

게 되면 그것은 모두 나의 책임이다.'라고 생각하고 죄의식을 느끼게 된다. 그리하여 회의석상에서 다른 사람의 의견에 강력하게 반대 의사를 표현하지 못한다.

예를 들어 보자. 당신의 형제가 사업을 하다가 경제적으로 심각한 위기를 맞게 되었다. 형제는 당신 집을 저당 잡히고 사업자금을 융자받게 해 달라고 간곡하게 부탁한다. '위기에 봉착한 형제의 요청을 내가 거절한다면 그는 틀림없이 상처를 입게 될 것이다. 그렇게 되면 나는 매우 이기적이고 나쁜 사람이다.'라고 당신은 생각하게 되었다. 그래서 마지못해 형제에게 융자를 보증해 주었다고 하자. 그런데 일이 잘 되어 형제가 사업에서 재기할 수 있었고 당신에게서 빌려간 금전을 상환했을 뿐만 아니라 아주 귀한 선물을 가지고 와서 '형님(동생)은 내 인생의 은인이다.'라고 백배 사례하였다. 우리는 이런 시나리오를 꿈꾸고 있다. 그런데 현실적으로 일어나는 상황은 이런 시나리오와는 정반대일 경우가 십중 팔구다. 다행히 형제의 사업이 도산되는 것은 막았지만 원금을 상환할 능력이 없는 경우가 많다. 겉으로 보기에 형제는 사업에 재기하여 보란 듯이 잘사는 것 같은데 당신에게 원금을 상환할 의지가 전혀 보이지 않을 수도 있다. 또 많은 경우 형제는 융자금을 빚갚는 데 써 버리고 끝내는 도산하여 양가가 빚더미 위에 올라앉게 되기도 한다.

당신이 희생한 대가가 무엇이란 말인가? 만약에 당신이 형제의 요청을 거절했더라면 두 사람이 다 망하게 되고 또 원수같이 되는

확신과 배짱을 가지고 자기표현하기

일은 벌어지지 않았을 것이다. 그런데 당신은 형제에게 상처를 주지 않으려는 마음이 있었기에 차마 거절하지 못한 것이다. 여기에서 우리가 따져 보아야 할 것이 두 가지 있다.

첫째, 당신이 형제의 요청을 거절하고 도움의 손길을 제공하지 않았다고 해서 당신은 실제로 그에게 상처를 준 것인가? 당신이 그렇게 믿는 것은 사고의 비약이고 흑백논리다. 만약에 당신이 형제를 실질적으로 모욕했거나 폭력을 행사했다면 당신은 분명히 그에게 상처를 주었다고 말할 수 있다. 그러나 당신은 형제를 도와주고 싶은 마음은 있었지만 현실적으로 당신의 전 재산을 날릴 위험을 감수하기에는 너무도 큰 희생이 예상되기 때문에 어쩔 수 없이 거절한 것이다. 당신은 그를 모독하거나 무시하지 않았다. 그렇다면 당신이 실제로 그에게 상처를 준 것이 아니다. 만약에 형제가 당신에게서 심리적인 상처를 받았다고 굳이 말한다면 그것은 형제가 그렇게 느끼고 그렇게 단정한 것이다. 형제가 느끼는 감정과 생각에 대하여 당신은 책임이 없다.

둘째, 당신이 자기 권리를 옹호하지 못하고 재산을 담보로 내준다면 장기적으로 어떤 효과가 있을 것인가를 곰곰이 판단해 보아야 한다. 당신이 융자금 담보를 거절하면 당장은 형제가 매우 섭섭하게 느낄 것이다. 그러나 먼 장래까지 형제간의 우애가 돈독하게 유지되기 위해서 위험한 금전거래는 사전에 차단하는 것이 더 현명하다고 판단하였을 것이다. 그래서 거절한 것이다. 그렇다면 당신은 결코 이기적인 사람이 아니다. 오히려 형제간의 의리를 더 중시하는 사람이다. 그러니까 당신은 근거 없는 죄의식에 시달리기보다는 사태의 전후 맥락을 객관적인 입장에서 평가해 보는 습관을 가져야 한다. 그러므로 우리는 비합리적인 사고(인지과정)를 객관적으로 성찰하고 분석하여 합리적인 것으로 대체할 필요가 있다.

### ③ 내가 가지고 있는 권리에 대하여 잘 인식하지 못한다

사람들은 성인이 되면 법적으로 투표권이 있고 실제로 투표권을 행사한다. 그리고 성인이 되면 부모의 동의 없이도 결혼할 수 있다. 그런데 실제 생활에서는 이것을 망각하고 사는 사람들이 있다. 나이가 30이 다 되었는데 부모가 자기와 사귀는 사람을 몹시 배척할 때 사랑하는 사람과 어쩔 수 없이 헤어지고 마음에도 없는 사람과 결혼한다거나 자살을 기도하는 경우를 볼 수 있다. 그 사람은 부모님의 마음을 기쁘게 해 드리기 위하여 자기의 권리를 깨끗이 포기한 것이다. 물론 우리는 경우에 따라서 내게 주어진 권리를 자의적으로 포기할 수 있다. 그리고 후회를 하지 않으면 족한 것이다. 그러나 이 사례에서 부모님에게 효도하기 위해서 마음에도 없는 배우자와 결혼하였고 불행한 부부생활을 하게 되었다고 가정해 보자. 자신이 불행하게 사는 것이 부모에게 참된 효도가 될까?

이 시점에서 우리는 자신에게 주어진 권리를 행사하지 못하고 부모나 외부의 강압에 굴복하고 사는 것이 과연 잘한 일인지를 재

확신과 배짱을 가지고 자기표현하기

음미해 보아야 한다. 자신의 행복은 자신이 창출하는 것이다. 이 사람은 자신이 불행하면 부모를 탓할 것이다. 그것은 미성숙하며 무책임한 처사다. 어느 면에서 우리는 짜증, 불평, 스트레스, 원망, 증오, 갈등과 우리의 인간적 권리를 교환하며 살고 있다.

④ 자기표현을 하지 않는 것의 이점을 이용하고 있다

때로는 윗사람이나 동료에게 강력한 반대 의견을 표시하는 것이 분명히 자기 회사의 장래에 유익할 것이라고 느끼는 경우가 있다. 그러나 그 뒤에 겪게 될 말다툼과 어색한 당혹감이 두려워서 당신은 처음부터 입을 다문 적은 없는가? 당신은 '모난 돌이 정 맞는다.'거나 '공연히 긁어 부스럼을 만들 필요가 없다.'고 생각할 수 있다. 수업 시간에도 궁금한 것을 질문하면 나의 무식함이 탄로나게 될까 봐 질문을 하지 않는다. 그러면 남들에게는 실력자인 것처럼 보일 테니까 내 자존심을 지켜 줄 수 있다. 사람들은 이러한 이점(利點)을 잘 알고 있기 때문에 소극적인 태도를 유지하게 된다. 그러나 한번 따져 보자. 자신의 의사나 감정을 감춘 채 조용하게 입을 다물고 있는 것이 당신에게 정말로 유익한 것일까? 당신이 자기표현을 자제하게 되면 오히려 피상적이고 기회주의자인 것처럼 보일 수도 있다. 그리하여 진실한 사람들은 당신에게 별로 매력을 느끼지 않으며 깊이 신뢰하려 하지 않을 가능성이 많다. 또 당면한 문제를 방치해 두면 당장 풀어 나가야 할 갈등이나 문제는 그대로 남아 있기 마련이다.

그러므로 우리는 가능한 한 솔직하게 자신을 표현하고 사는 것이 자신과 상대방에게 더욱 진실하고 유익하다는 것을 알 수 있다. 누군가가 당신을 몹시 짜증나게 하고 화나게 할 때, 그의 눈치를 살피고 그에게 억눌림을 당하기보다는 당신의 감정을 직접적으로 말하는 편이 은폐하는 것보다 훨씬 더 용기 있고 진실한 것이다.

⑤ 소극적인 표현보다 더 고차원적인 방법, 즉 주장적 자기표현의 방법을 터득하지 못하였다

우리 사회에서 윗사람과의 관계에서 대등한 인간으로서 자연스럽게 호감과 애정을 표시하고 자기의 견해나 요구 사항을 말하며 친구처럼 사귈 수 있는 청소년들이 많지 않은 것은 매우 안타까운 현실이다.

우리는 유교적 관습에 따라서 아랫사람은 윗사람을 존경하고 복종해야 하며 겸손해야 한다고 교육받아 왔다. 가정과 학교에서도 '공부하라'는 말은 수천 번 들었지만 나이를 막론하고 서로가 인간적으로 대하며 친교할 수 있는 기술에 대하여 학습할 기회는 거의 없었다. 그러기에 수업 시간에 잘 알아듣지 못하는 내용이나 궁금한 것에 대해서 탐색적으로 집요하게 질문하는 학생들이 많지 않다. 안타깝게도 유교적 관습을 무비판적으로 수용한 우리의 청소년들에게는 미성숙하고 소극적인 면이 아직도 눈에 많이 띈다. 그러나 21세기의 사회에서는 세계 어느 곳에서나 우리의 젊은

이들이 자신을 적극적으로 표현하고, 지위의 고하를 막론하고 곧바로 사람을 사귀며, 멋있게 협상할 수 있는 기술을 구사할 때 지구촌의 지도자가 될 수 있다.

## 공격적인 대처 방식의 원인 분석하기

어떤 사람들은 습관적으로, 그리고 일부러 거칠고 공격적인 태도를 견지한다. 그들은 자신의 성격상 부드럽게 말하는 것은 똑똑하지(남성답지) 못하다고 생각한다. 험한 세상에서 살아남으려면 할 말을 씩씩하게 해서 자기 것을 먼저 쟁취해야 한다고 믿는다. 강압적인 방식으로 자기표현을 하는 사람들의 마음 바탕에 깔려 있는 생각들을 살펴보면 다음과 같다.

### ① 다른 사람들이 나를 무시할까 봐 두려워한다

누군가가 당신에게 이견(異見)을 표명하거나 당신의 업무에 대하여 지적하고 비평하게 되면 혹시 당신은 잽싸게 공격적인 언사를 취하여 자신을 방어하는 경향이 있지 않은가? 상대방이 당신과 다른 견해를 표명하는 행동을 보고 그가 당신을 무시한다고 해석한다. 그래서 당신은 자존심을 지키기 위하여 과잉반응을 하는 것이다. 아마도 이것은 당신이 아동기에 부모나 중요한 사람에게서 지나치게 질책을 받으며 엄격한 양육 방식으로 성장했기 때문일지도 모른다. 직장의 상사가 당신에게 어떤 시정 조치를 촉구하는 것은 당신을 증오하거나 배척하는 행위가 아니다. 그런데 당신은 그를 당신 부모와 똑같은 사람으로 간주하는 것이다. 이런 연상작용은 무의식적으로 일어나고 시간적으로 일초의 간격도 없이 작동된다. 그러므로 당신이 보이는 분노와 공격성의 배후에는 당신자신의 자아개념, 즉 '나는 상처받기 쉽고 무력한 존재'라는 고정관념이 도사리고 있다. 그러한 생각은 당신이 현재에 처한 상황에대하여 객관적으로 판단할 기회를 차단해 버리는 것이다. 다른 말로 표현하자면, 당신은 피해의식에 사로잡혀 있기 때문에 공격적으로 반응하는 것이다. 그리하여 직장생활과 대인관계에 커다란손해를 자초한다.

② 남보다 우월해야 하고 반드시 이겨야 한다고 생각한다

'세상은 비정하고, 험악한 사람들로 가득 차 있다. 그들보다 내가 더 우월하다는 것과 내가 반드시 옳다(의롭다)는 것을 증명하기 위해서 나는 강력하게 나의 것을 지키고 쟁취해야 한다. 나는결코 손해 보는 인생을 살지 않을 것이다.' 이러한 신념을 가진 사람들은 이해 상관이 있는 상황에 처하게 되면 곧바로 공격적인 표현으로 일관할 가능성이 높다. 이들은 타인을 명령, 지시, 훈계하면서 자기의 의사는 항상 관철되고 존중되어야 한다고 믿는다. 자기의 뜻이 수용되지 않을 경우 그들은 맹렬하게 화를 내고 실패의책임을 타인에게 전가하는 성향이 있다. 사람들은 그를 두려워하여 쉽게 양보한다. 그래서 대부분의 경우에 그는 승자가 된다.

그러나 그 대가를 따져 보자. 어느 누가 험악한 자세로 자기 것

　確信과 배짱을 가지고 자기표현하기

을 먼저 챙기는 사람과 친밀해지고 싶어 하겠는가? 진심으로 그를 존경하는 사람은 많지 않을 가능성이 크다. 게다가 공격적인 표현을 통해서 그가 원하는 것을 매번 쟁취할 수는 없다. 그의 저돌적인 태도 때문에 그는 배척당할 소지가 있기 때문이다.

사람을 대할 때 무의식적으로 피해의식과 자기방어의 심리로 대하는 것도 무언가 그릇된 사고의 과정이 개입되었다고 볼 수 있다. 대부분의 사람은 당신에게 적의가 없고 당신에게 손해를 끼치려고 하지 않는다. 우리는 부드러운 자기표현을 방해하는 이런 인지적 오류를 발견하고 수정해야 한다. 오히려 많은 사람이 당신에게 호감을 가지고 있고 당신에게 유익을 줄 수 있다. 그리고 당신이 양보하고 협력한다는 것이 당신이 진다는 것을 의미하지는 않는다. 그것은 오히려 당신이 아량 있으며 더불어 일하기 좋은 사람이라는 것을 의미한다.

③ 타인의 권리에 대하여 잘 인식하지 못한다

강력하게 자신의 소신을 피력하여 이득을 쟁취하는 사람들은 습관적으로 자기 본위로 사는 데 익숙한 사람들이다. 여기에서 우리가 이해해야 할 것은 강력하게 자신의 소신을 피력하여 자신의 것을 쟁취하고 자기 본위로 사는 것이 결코 나쁜 것이 아니라는 것이다. 문제는 자기 본위로 사는 습관에 젖은 사람이 자칫하다가는 상대방의 권익과 인격에 대하여는 배려하지 않는다는 점이다. 그들은 자신의 권익에 손해를 초래하는 상황이 발생하면 불같이 화를 내고 큰 소리를 치지만 상대방의 권익에는 전혀 아랑곳하지 않는다. 오히려 상대방은 자기를 위해서 희생해야 마땅하다고 생각한다. 모든 사람의 인격과 권리가 존중되는 민주사회에서는 자신의 권익이 중요한 것처럼 그와 똑같은 비중으로 타인의 권익도 존중되어야 한다. 나에게 의견 개진의 권리가 있다면 다른 사람에게도 의견을 발표할 기회가 공정하게 주어져야 한다. 나에게 휴식을 취할 권리와 친구들과 재미있게 놀 권리가 있다면 나의 자녀, 배우자, 하급자에게도 그럴 권리가 허용되어야 한다. 이 점을 인식하고 실천할 때 당신은 존경받을 수 있다.

## ④ 공격적 태도의 이점을 십분 즐기고 있다

당신이 (시)부모나 교사, 사장 또는 남편(배우자)의 위치에 있는데 손아랫사람이 당신의 지시를 따르지 않는다고 하자. 손아랫사람이 괘씸하게 여겨질 때 당신은 큰 소리로 호통을 칠 수 있다. 험악한 얼굴 표정과 위협적인 말로 하급자를 제압하면 일순간에 상대방은 고분고분하게 당신의 지시를 따른다. 그리하여 당신이 원하는 바를 손쉽게 얻을 수 있다. 이때 당신의 기분은 매우 고양될 것이다. 그것은 당신에게 만족감과 교만심을 가져다준다. 교만과 공격성은 친구다. 이처럼 공격적 표현은 당신의 권위를 지켜 주고 사람들이 당신을 왕처럼 받들게 해 주는데 이 좋은 무기를 왜 포기해야 한단 말인가?

공격적 자기표현에 익숙한 사람들은 이러한 이득을 잘 알고 있

확신과 배짱을 가지고 자기표현하기

다. 그러나 공격적인 태도가 항상 이득만 가져다주지는 않는다. 공격성은 날카로운 파장으로 전달되어 상대방이 본능적으로 자기방어하게 만드는 효과를 창출한다. 다시 말해서 당신 안에 화살이 숨겨져 있다면 그 화살은 상대방을 쏜 다음에 당신에게 되돌아오게 되어 있다. 그리하여 당신 스스로가 당신의 주변을 적대감과 살기(殺氣)로 에워싸는 꼴이 된다. 처음엔 당신이 이기지만 결국에는 지게 되는 셈이다. 이 세상은 언뜻 보면 약육강식(弱肉强食)의 전쟁터 같다. 그러나 자세히 보라. 그 속에서 양보, 희생, 타협, 생사의 교환을 통하여 만물은 상생(相生)하고 있고 평화와 기쁨을 함께 나누고 있지 않은가? 당신도 그렇게 살 수 있다. 멋지게 지는 방법을 알게 되면 참으로 이길 수 있다. 그리고 무엇보다도 공격적이고 이기적인 삶의 방식은 자신의 인격적 성장과 성숙을 방해한다. 그리하여 궁극적으로 자기에게 손해가 된다.

⑤ 공격적 자기표현보다 더 고차원적인 방법, 즉 주장적 자기표현의 방법을 배우지 못하였다

강력한 왕권제도와 군사문화가 비교적 늦게까지 유지된 사회에서는 공격적인 표현이 자신의 힘과 세력을 나타내 주며, 사람들을 통치하는 강력한 수단으로 사용되어 왔음을 알 수 있다. 그러기에 가부장적인 풍토가 강하게 남아 있는 지방과 가문에서 할아버지와 아버지는 많은 경우에 호통을 치고 처벌하는 방식으로 가정에서 리더십을 발휘해 왔다. 부드럽게 자기를 표현하며 서로가

대화와 토론을 통하여 합의를 도출해 내는 방법을 배울 기회를 갖지 못한 것이다. 우리 사회에서 아직도 강압적이고 전제적이며 공격적인 대처 방식이 통용되고 있다면 그것은 다분히 우리의 문화적·사회적 유산의 한 단면이라고 볼 수 있다. 많은 한국인이 주장적이고 상호 배려적인 대화의 기술에 능숙하지 못한 면이 있는데 그 이유는 이러한 전통에서 찾아볼 수 있다고 하겠다. 그러나 앞으로 다가오는 세상에서 풍요한 인간관계를 누리며 탁월한 리더십을 발휘하기 위해서는 공감적 주장의 기술을 배워야 한다.

확신과 배짱을 가지고 자기표현하기

# 2
## 의연한 태도와
## 배짱 가지기

　내가 사람들과 관계를 맺고 대하는 태도는 내 자신에 대한 생각과 상대방에 대하여 지각하는 바에 따라서 좌우된다. 그런데 자아 개념과 대인지각이라는 것은 정확한 것이 아니라 다분히 편파적이고 왜곡된 면이 많다. 이와 같은 우리의 인지적 왜곡과 오류가 대인관계 상황에서 오해를 불러 오고 손해를 끼치는 것이다. 그러므로 내 안에 있는 잘못된 관념을 떨쳐 버릴 때 상대방에게 나에 대한 인상을 호의적으로 심어 줄 수 있다.

　또한 우리는 상대방의 언행에 좌우되지 않고 내가 하고자 하는 말을 딱부러지게 할 수 있는 용기와 배짱을 가질 필요가 있다. 따라서 여기서는 대인관계에서 경험하는 불안을 극복할 수 있는 방법으로 단계적 탈감법을 소개하겠다. 그리하여 불안 수준이 높은 사람은 불안을 감소시키는 훈련을 미리 여러 번 연습한 다음에 사람들과 만나고 대화하도록 하는 것이다. 그리고 사람들을 직접 대면했을 때 상대방 앞에서 위축되는 것을 방지하기 위해서 시각화 기법을 소개하겠다. 그것은 의젓하게 대처하는 자신의 모습을 떠올리는 상상 또는 연상 작업이다.

### 단계적 탈감법

단계적 탈감법(systematic desensitization)은 '단계적 둔화'라고도 하는데 월페(Wolpe)가 고안하였다. 이것은 주로 불안과 공포증을 치료하는 데 효과적이다. 상담에서 단계적 탈감법은 다음과 같은 순서로 실행한다.

어떤 내담자가 강렬한 공포나 불안을 느낄 때 먼저 그런 정서적 반응을 야기하는 장면이나 상황을 찾아낸다. 그리고 내담자에게 가장 약한 불안이나 공포심을 느끼게 되는 장면부터 극심한 불안을 느끼는 상황까지 순서를 매기라고 지시한다. 이렇게 하여 불안 위계 목록표를 작성한다. 이어서 각 장면에 대하여 0점에서 100점에 이르기까지 내담자가 느끼는 주관적 불안점수를 매기도록 한다. 여기서 100점은 전쟁터, 홍수, 지진 중에 가까스로 살아남은 경우에, 0점은 아무런 긴장이 없는 경우에 해당된다. 보통 사람들이 업무상 느끼는 불안은 50점 이하다.

그다음에 내담자의 신체를 편안하게 이완시킨다. 머리부터 시작하여 발끝까지 카운슬러의 지시에 따라 이완하는 것이다.

신체적으로 이완하고 나서 내담자는 자신이 가장 편안하게 느낄 수 있는 장면을 상상한다. 신체적으로 이완되고 또 상상을 통

확신과 배짱을 가지고 자기표현하기

하여 심리적으로 평온감을 느낀 상태에 있는 내담자에게 상담자는 불안위계 목록 중 가장 약한 불안을 느끼는 장면을 상상해 보라고 지시한다.

이런 과정을 반복하여 주관적 불안점수가 10~15점까지 하향되면 그다음의 불안위계에 해당하는 장면을 상상하게 한다. 드디어 가장 심한 불안장면에서 주관적으로 느끼는 불안점수가 10~15점이 되면 이 훈련을 마치도록 한다.

이것은 뜨거운 물에 찬물을 섞으면 뜨거움이 중화(中和)되는 것과 같은 원리다. 신체적 · 심리적 이완 상태는 불안과 공포의 유발을 제지하는 효과가 있다. 이것은 상호 제지의 원리 또는 역제지(reciprocal inhibition)의 원리에 따른다. 예를 들어 보자. 배광수 과장은 사장 앞에서 브리핑을 할 때 불안이 심하여 숨도 제대로 쉬지 못하고 횡설수설하게 된다. 그리하여 배 과장은 불안감소 훈련차 단계적 탈감법을 연습하였다.

| 불안이<br>심한 순서 | 불안장면 | 주관적<br>불안점수 |
|---|---|---|
| (1) | 사장 앞에서 브리핑을 한다. | 80점 |
| (4) | 사장실(회의 장소) 문을 열고 들어간다. | 50점 |
| (3) | 회의 장소에 앉아 있다. | 60점 |
| (5) | 브리핑 내용을 준비한다. | 40점 |
| (2) | 브리핑하려고 청중 앞으로 나간다. | 70점 |

배광수 과장은 먼저 신체를 이완시키는 훈련을 받는다. 신체의

평화로운 장면을 상상하기

모든 부분이 이완된 가운데 자기가 평화스럽게 느끼는 장면, 즉 철썩거리는 파도 소리와 아이들의 웃음소리를 들으며 해수욕장에서 뜨거운 모래 속에 몸을 파묻고 누워 있는 장면을 연상한다. 몸과 마음이 완전히 편안한 상태에 있을 때 그는 갑자기 불안장면을 상상해 보도록 지시받는다. 처음에는 가장 불안이 약한 (5)번을 상상한다. 이런 훈련을 여러 번 반복하여 (5)번 상황에서 느끼는 불안점수가 10~15점이 되면 (5)번 상황에서의 불안감은 극복한 것으로 된다. 이어서 (4)번의 장면을 가지고 단계적 탈감법을 실시한다. 그리하여 (1)번까지 마치는 것이다.

그런데 단계적 탈감법을 연습할 때 평화스러운 장면을 상상하

확신과 배짱을 가지고 자기표현하기

는 일이 힘든 사람도 있다. 그리고 잡념 때문에 정신을 집중하는 것이 어려운 사람도 있다. 이런 사람들은 평화스러운 장면에 대하여 크게 소리 내서 말하도록 한다. 그리고 수동적으로 상상하기보다는 이완된 상태에서 적극적으로 자신이 느끼고 움직이고 말하는 모습을 상상해 보도록 노력하는 것이 좋다.

## 시각화

사람들은 실제 세계를 볼 때 있는 그대로 보지 않는다. 실제 세계는 마음속에서 채색되고 변형되기 때문에 사람들은 그들의 머릿속에 있는 TV 화면을 보는 것처럼 보고 경험한다. 예컨대, 당신이 사교적 모임에 나가 자연스럽게 어울리는 모습을 상상한다면 당신은 그렇게 행동하는 데 자신감을 얻게 된다. 그리하여 실제로 모임 장소에 나가서 멋지게 행동하게 된다. 그것은 상상 작업 덕택에 자신을 완전히 통제하게 되고 불안을 덜 느끼기 때문이다.

시각화 기술을 배운다는 것은 잠재의식 속에서 의식적으로 행동화하는 방식을 배운다는 뜻이다. 그러므로 이제부터 당신은 자신을 성공한 사람으로 여기고 지금까지 잠재의식 속에 들어 있는 부정적인 언어를 긍정적인 언어로 대치해 보도록 하는 것이다. 자신감으로 둘러싸인 자신을 형상화하는 것은 새로운 마음의 사진첩을 만드는 작업이다. 그것이 시각화다. 시각화는 당신의 생각과 행동을 새롭게 구성해 주는 것이다.

지금까지 거의 자동적이고 무의식적으로 부정적인 방향으로 행동했던 것을 시각화를 통하여 당신은 의식적이고 긍정적인 방향으로 바꿀 수 있다. 당신은 희망과 자신감을 가지고 생활하고, 인정받으며, 원하는 대로 되고, 긍정적이고 편안해지도록 자신의 의사 결정 장치를 재구성할 수 있다.

시각화는, 첫째 자신의 자아개념을 바꾸기 위해서 사용하는 것이다. 당신은 강하고 활기찬 모습으로 자신을 시각화해야 한다. 만약 당신이 자신을 쓸모없는 사람이라고 생각한다면 자신은 이 세상에서 중요한 일을 하고 있는 가치 있는 사람이라고 상상해야 한다. 만약 자신을 병약하고 준비성이 부족하고 우울한 사람이라고 생각한다면 자신은 건강하고, 신중하고, 명랑한 사람이라고 생각하고 그 신념을 받아들여야 한다.

둘째, 다른 사람과 상호 작용하는 방식을 바꾸기 위해 활용하는 것이다. 자신이 외향적이고, 주장적이고, 우호적인 모습으로 행동하는 장면을 연상하는 것이다. 당신은 새로운 관계를 맺는 것을 상상한다.

셋째, 당신이 어떤 목표를 달성하기 위해서 사용하는 것이다. 직장에서 승진하고, 명성을 얻고, 학군이 좋은 지역으로 이사 가고, 좋아하는 스포츠에서 뛰어난 기량을 보이고, 인생에서 얻고자 하는 대로 생활하고, 존재하고, 행동하는 모습을 상상하는 것이다.

그렇다면 시각화는 어떻게 이루어질까?

확신과 배짱을 가지고 자기표현하기

① 오감을 개발시키기

시각화의 첫 번째 단계는 신체를 충분히 이완하는 것이다. 가장 효과적인 시각화는 완전히 이완된 상태에서 이루어진다. 시각화는 하루에 두 번씩 연습하라. 가장 좋은 때는 밤에 잠들기 직전과 아침에 눈뜬 직후다. 이때 당신의 몸이 잘 이완되기 때문이다. 시각화의 두 번째 단계는 오감(五感)을 개발시키는 연습을 하는 것이다.

시각화가 잘 되지 않는 사람은 먼저 시각, 청각, 미각, 후각, 촉각을 개발시킬 필요가 있다. 가령, 상상 속에서 당신은 노란 레몬을 바라보고(시각) 오돌토돌한 껍질을 만지며 벗겨 낸다(촉각). 그리고 새콤한 향기를 맡으며(후각) 레몬 조각을 입속에 넣고 아삭아삭 씹으면서(청각) 신맛을 느껴 본다(미각). 이런 방식으로 오감(五感)을 총동원하여 여러 가지 감각을 개발하는 연습을 일주일 동안 하게 되면 당신의 시각화 능력이 놀라울 정도로 개발된다.


② 주장적 자기표현을 위한 시각화

시각화는 목표를 분명히 하고, 성공에 대한 기대를 갖게 하는 가장 효과적인 방법 중의 하나다. 처음에는 작고 단순한 단기목표부터 시작하라.

배광수 과장의 단기목표는 사장에게 브리핑하기 이전에 먼저 S부장에게 브리핑하는 것이다. 그리고 S부장에게 자기 신변에 대한 짤막한 대화를 나누는 것으로 잡았다.

- 분명한 행동을 시각화하라. 배 과장은 목표 설정을 위하여 조용한 장소에 앉아서 이완훈련을 시작한다. 이완된 상태에서 마음이 한 곳으로 집중되면 다음 장면을 상상하는 것이다. 브리핑 자료를 들고 부장실에 들어서는 자신의 미소 띤 얼굴을 상상한다. '나는 편안하게 인사하고 기분 좋은 대화를 나눌 수 있다. 그러고 나서 명료하게 브리핑을 할 수 있다.'고 자기 독백한다. 마침 부장실에 동석한 P부장이 당신에게 일을 잘했다고 칭찬하는 소리를 상상 속에서 듣도록 한다. 그리고 그 칭찬에 조용히 동의하는 자신의 모습을 보도록 한다.

- 긍정적인 결과를 상상하라. 이어서 부장에게 브리핑을 훌륭하게 마치고 그와 한층 더 만족스러운 관계를 형성하는 자신의 모습을 보도록 한다.

- 자기주장적이고 높은 자존감을 나타내는 신체언어를 포함시켜라. 팔짱을 끼거나 다리를 꼬지 않은 반듯한 자세와 웃는 모습, 사람들을 멀리하기보다는 가까이하기, 누군가가 이야기할 때 고개를 끄덕이기, 필요할 때 다른 사람에게 악수를 청하는 자세 등을 포함시켜라.

- 처음에는 힘들어했지만 결국은 성공한 자신의 모습을 보라. 이것은 당신이 아무런 어려움 없이 단 한 번의 시도로 성공하는 것보다 더 효과적이다.

- 다른 사람이 당신을 좋아하는 것보다 당신이 자신을 더 좋아

확신과 배짱을 가지고 자기표현하기

이완훈련을 한다.

시각화한다.

자기 독백을 한다.

행동으로 옮긴다.

자기주장하기 위한 심리적 준비 단계

한다는 것을 떠올려 보라. 당신이 먼저 자신을 좋아할 때만이 다른 사람도 당신을 좋아한다. '난 내가 맘에 들어. 나는 나를 소중하게 여기지. 난 나를 사랑해.'라고 독백하는 자기의 목소리를 듣도록 한다.

- 시각화를 마치면서 확신적인 구호를 독백해 보도록 하라. 그 구호는 당신의 성격, 환경, 목표와 부합되는 것이 좋다. 그리고 '현재형'으로 표현하도록 한다. 잠재의식 속에서는 과거, 현재, 미래의 구분이 없고 오직 현재만이 중시되기 때문이다. 다음은 효과적인 구호의 예다.


"나는 내 자신을 사랑한다."
"나는 자신감이 있다."
"나는 성공한다."
"나는 최선을 다한다."
"나는 사는 것이 재미있다."
"나는 현재의 내 모습이 좋다."

# 사 례

사례 1 **의리상 나쁜 친구들의 행동을 지적해 주지 못하는 고등학생**

Q 저는 고등학생입니다. 친구들과 어울려 놀다가 나쁜 짓에 가담한 적이 있어 몹시 양심의 가책을 받고 있습니다. 친구들이 여학생을 희롱하고 금품을 갈취하는 것이 싫어서 빠져나오고 싶은데 의리상 빠져나오지 못하고 있습니다. 어떻게 하면 제가 배짱 있게 친구들을 설득할 수 있을까요?

A 학생은 친구 때문에 어쩔 수 없이 자기가 죄를 짓게 된다고 생각하고서 몹시 괴로워하고 있습니다. 엘리스(Ellis)의 이론을 이용하여 ABCDE로 풀어 보면, 친구의 강압적 유혹이 '사건(A)'이라면 학생의 죄의식과 비주장적인 행동은 그 사건(A)에 따른 '결과(C)'입니다. 학생은 A가 C를 유발했다고 믿고 있지요. 그렇게 굳게 믿고 있는 한 학생이 확실한 자기주장을 하여 편

안한 마음을 갖기는 거의 불가능합니다. 모든 문제의 원인은 외부 환경(A)에 놓여 있기 때문이지요. 엘리스는 사건(A)과 결과(C) 사이에 학생의 '인지체제(B)' 내지 '사고 방식'이 들어 있다고 봅니다. 그리고 학생의 사고(B)가 학생을 불안과 죄의식으로 몰아가고 있다는 것이지요. 학생의 '사고(B)' 내용을 검토해 봅시다.

첫째, '의리상 친구의 청을 거절하면 안 된다.'는 당위적 생각이 있습니다. 둘째, '친구를 배반하면 나는 나쁜 놈이다.'라는 가치평가를 하고 있지 않을까요? 셋째, '친구들에게 따돌림당하면 세상은 끝장이다.'는 과장된 생각을 하고 있지요. 넷째, '나는 그것을 견딜 수 없다.'는 낮은 인내심으로 뭉쳐 있을 것입니다. 그런 여러 가지 생각(B) 때문에 학생은 친구들의 강청을 뿌리치지 못하는 것인데 이와 같은 생각은 다분히 비합리적인 생각이지요. 그러므로 학생은 이러한 생각을 합리적인 것으로 바꾸도록 해야 합니다.

'친구의 의리란 친구가 부정한 일을 하도록 묵인하는 것이 아니고 옳은 방향으로 행동하도록 선도하는 것이다.'라고 생각하십시오. 그리고 '내가 직언(直言)을 해서 친구가 나를 따돌린다면 그것은 세상의 끝장이 아니다. 친구들에게 소외되는 것은 대단히 섭섭한 일이지만 나는 그것을 견딜 수 있다. 그들이 나를 배척한다면 그들보다 좀 더 진실한 친구들을 얼마든지 사귈 수 있다. 나는 진실한 친구를 원한다.'라고 독백하십시오. 이런 말을 독백하면서 친구들에게 부드럽게 설득적으로 이야기하는 자신의 모습을 상상하도록 시각화를 연습하십시오. 불안이 엄습하면 긴장 – 이완훈련

확신과 배짱을 가지고 자기표현하기

과 심호흡을 하면서 연습하십시오.

　마지막으로 친구들을 한 명씩 조용하게 불러서 설득하되 친구들의 자존심을 손상시키지 않도록 호의적인 말로 자기주장하기 바랍니다. 처음에는 친구들이 학생의 말을 듣기 싫어할지 모르나 후일에는 옳게 살자고 충고해 준 학생의 말을 귀하게 여기고 학생을 존경하게 될 것입니다.

## 사례 2 　과로로 인하여 질병에 허덕이는 종교지도자

Q 저는 제 목숨을 불태워 하나님 나라의 사업에 동참하겠다고 서약한 이래로, 현재 중소형 크기의 교회에 부목사로 재직하고 있습니다. 한국 교계의 사정이 그러하듯이 목회자는 모든 것을 희생해야합니다. 제가 존경하는 담임목사님은 별명이 불도저입니다. 저 역시 '죽도록 충성하라'는 말씀을 좇아 그분의 뜻을 따르며 살아왔습니다. 그런데 문제는 제가 2년 전에 과로로 쓰러져 크게 아팠고, 금년에 또 중병으로 쓰러진 것입니다. 제 아내와 자녀들의 불만도 위험 수위를 넘어서서 가정도 파탄 위기에 있습니다. 사실 저희 교회의 경제 사정이 아주 열악한 것은 아닙니다. 다만 담임목사님의 강한 성품과 인생관을 저와 다른 교역자들의 힘으로는 바꿀 수가 없기 때문에 처우 개선이 안 되고 있고, 교역자들 중에는 저처럼 기진해 쓰러지는 분들이 나오고 있습니다. 강한 카리스마를 가진 우리 목사님을 설득할 수 있는 방법이 없을까요?

A '죽도록 충성하라'는 성경 말씀을 좇아 희생적으로 헌신해 오신 목사님께 먼저 존경의 말씀을 드리고 싶습니다.

목사님과 교회의 사정을 소상하게 알지 못한 상태에 있기 때문에 확실한 대답을 드리기는 난처하지만 이 책에서 강조하고 있는 사상에 근거하여 몇 마디 말씀드리겠습니다.

첫째, 모든 인간에게는 직업과 지위에 상관없이 주어진 임무를 책임껏 수행한 만큼의 대우를 받고 살 권리가 있습니다. 그것은 근로자의 기본 권리로서 정당한 보수와 적정한 휴가와 그에 따른 복지가 보장되어야 한다는 것이지요. 목회자는 업무상 다른 직종보다 훨씬 더 많은 시간을 일하고 더 많이 신경 써야 하는 직업입니다. 신자들에게 예고 없이 사고, 질병, 사망 등의 사건이 발생할 때마다 가장 먼저 달려가 도움의 손길을 제공해야 하니까요. 그것을 인정하더라도, 목회자 역시 대한민국의 시민이며 근로자입니다. 따라서 대한민국의 시민과 근로자에게 부여된 정당한 권리와 인간적 존엄성이 보장되어야 하겠지요. 부목사와 다른 교역자들이 함께 협력하여 그러한 권리를 반드시 찾아 향유하도록 능동적으로 노력해야 한다고 생각합니다. 왜냐하면 담임목사도, 신자들도, 부목사님과 교역자들의 권리를 대신 찾아 주지 않기 때문입니다.

인류의 지성이 발전함에 따라 현대인들은 법적으로 평등한 권리와 대우를 보장받고 살고 있습니다. 그러나 아직도 불완전한 부분이 많이 남아 있기 때문에 곳곳에서 개선과 개혁을 위한 노력과 시민운동이 벌어지고 있는 것이 아닐까요? 마틴 루터 킹 목사가

확신과 배짱을 가지고 자기표현하기

그러했듯이 말입니다.

둘째, 교회의 이념을 보다 더 온전하게 실천하기 위해서라도 부목사님은 능동적으로 자신의 권리를 획득해야 한다고 봅니다. 제가 알기로는 기독교의 이념은 이 세상에 하나님의 나라가 이루어지는 것을 고대하고 소망하는 것이라고 봅니다. 교회란 모든 인간이 하나님의 자녀요, 한 형제임을 믿고, 서로가 서로를 사랑하고 돕는 공동체가 아닐까요?

목사님과 전도사님도 하나님의 자녀인 만큼 일반인과 똑같이 행복하게 살 수 있도록 존중받아야 하며 그렇게 될 때 하나님의 나라가 이 땅에 이루어지는 것이라고 봅니다. 담임목사님이 일생 동안 희생적으로 일해 오신 목적은 사람들을 하나님의 품으로 인도하여 그들이 안식과 위안과 행복을 교회 공동체 안에서 발견하게 도와주는 데에 있을 것입니다. 만약에 목사님과 다른 전도사들이 곧잘 병으로 쓰러지고, 소진되어 있고, 가정생활마저 마비되어 있다면, 교역자들은 하나님이 약속한 행복과 기쁨의 세계 안에 들어와 있지 못한 것으로 보입니다. 그런 상태에서 과연 목사님 교회의 사명을 잘 감당해 낼 수 있을까요? 교역자 자신이 먼저 건강하고 활기찬 모습과 기쁨이 넘치는 가정생활을 향유할 때 그 에너지가 교인들에게도 행복의 물결로 번져 나갈 것이라고 봅니다. 유교적으로 말하자면 수신제가치국평천하(修身齊家治國平天下)인 것입니다. 지도자는 먼저 자신의 인격과 신체를 잘 다스리고 가정적으로도 좋은 표본을 보여 준 다음에 자신의 꿈과 이상을 사회에

펼칠 수 있다고 봅니다.

셋째로, 목사님께서는 '죽도록 충성하라.'는 말의 의미를 재정의 (再定義)해야 한다고 봅니다. 목사님은 사랑하는 아내와 자녀들의 행복은 아랑곳하지 않고, 오직 하나님 사업을 위해서만 신경을 쏟다가 언제든지 순교하겠다는 생각이신지요? 순교란 목회자가 평상시에 과로해서 일찍 생명을 마감하는 것이 아니고, 하나님의 말씀을 반대하는 강한 세력에 의하여 강제적으로 자기의 목숨이 빼앗기는 것이라고 생각합니다. '죽도록 충성하라.'는 뜻은 순교하지 않을 수 없는 상황에 처하게 되더라도 믿음을 배반하지 말라는 뜻이고, 순교를 선택할 수 있는 용기를 가진 사람이 될 수만 있다면 더욱 가상하다는 의미라고 봅니다. 그러나 한편으로는 하나님이 약속하신 평강과 장수를 누리면서 죽을 나이에 이를 때까지 하나님의 나라를 이룩하는 사업에 변함없이 헌신하라는 뜻으로 해석할 수도 있겠지요. 그러니까 '죽도록 충성하라.'는 의미는 '죽을 나이에 이를 때까지 한결같이 헌신하라.'는 뜻으로 재해석할 수도 있다고 봅니다.

목사님은 젊은 나이에 건강을 해쳐가면서까지 죽도록 희생한 다음에 일찍 이 세상을 마감하고 싶으신지요? 아니면 오래오래 살면서 꾸준히 노력하여 아내와 자녀와 교인과 세상 사람들을 진리와 광명으로 인도하기를 원하시는지요?

넷째로, 목사님께서는 지도자입니다. 자신의 리더십에 대한 개념도 재정립하실 필요가 있다고 봅니다.

확신과 배짱을 가지고 자기표현하기

담임목사님께서는 교회를 개척할 때 열악한 환경에서 자기를 전적으로 희생하며 '무'에서 '유'를 일구어 내셨습니다. 부목사님께서는 그러한 담임목사님의 뜻을 존경하며 순종하고 계시겠지요. 그러나 만약에 부목사님께서 담임목사님의 뜻에 계속 순종함으로써 지금과 같은 상황이 지속된다면 교역자들은 희생과 착취가 허용되는 인권의 사각지대(死角地帶)에 살게 될 것입니다. 그것은 담임목사님이 비록 악의는 없지만, 결과적으로는 악을 행사하도록 부목사님이 묵인, 방관, 허용하는 꼴이 됩니다.

세상은 많이 변했습니다. 교회의 재정 사정이 그렇게 열악한 것이 아니라면, 담임목사님은 부목사와 전도사들을 자기의 아들처럼 생각하고 하나님이 맡긴 자녀로 간주하여 넉넉하게 품어 주어야 하겠지요. 임금도 인상하고 휴식과 재충전의 시간도 더 많이 허용해 주어야 한다고 봅니다. 그리하여 담임목사님 스스로가 기독교에서 강조하는 사랑을 자신의 교회에서 실천하는 좋은 표양을 보여 주어야 합니다. 강인하고 억척스럽고 비정하게 보이는 담임목사님의 내면에는 사랑과 관용이 분명히 들어 있습니다.

담임목사님의 고결한 사명감이 교회에서도 사랑을 실천하는 모습으로 실현되도록 주위에서 일하는 교역자들이 담임목사님과 끊임없이 대화하도록 노력하십시오.

강인한 불도저를 변화시켜 부드러운 목자(牧者)가 되도록 담임목사의 감성을 깨워 주려면 부목사님은 애정 어린 설득을 해야 합니다. 그것이 리더의 능력이고 역할입니다. 순종만이 미덕이 아님

니다. 목회자와 신자 모두에게 예수님의 마음을 보여 주는 담임목
사님이 될 수 있도록 영향력을 행사하십시오. 부목사님에게는 그
런 막중한 책임이 있습니다. 확신과 배짱을 가지고 이 책에서 소
개한 멋진 대화의 기술을 구사하시기 바랍니다.

확신과 배짱을 가지고 자기표현하기

# 세련된 방식으로 부탁하기,
# 거절하기, 칭찬하기, 비평하기

당신에게 모처럼 한가한 시간이 생겼다고 하자. 당신은 누구와 함께 그 시간을 보내고 싶은가? 많은 친구나 동료 중에서 곧바로 머릿속에 떠오르는 사람은 유별나게 재미있고 솔직하고 유머와 말재간이 좋은 사람일 것이다.

더불어 일하고, 더불어 놀고 싶은 사람은 대개가 만나면 즐겁고 신이 나며 편안한 성격의 소유자들이다. 그들은 사람을 보면 반가움을 표시하고 칭찬하기를 좋아한다. 또 스스럼없이 부탁도 잘하고 우리의 부탁에 잘 응해 주며, 그것이 불가능한 때는 거절도 자연스럽게 하는 사람이다. 그래서 우리의 마음이 편안하다. 그들은 가끔 우리에게 솔직한 충고와 비평도 해 준다. 그러나 진지하고 배려적인 태도로 비판해 주므로 굳이 내 쪽에서 변명하거나 자기 방어하지 않고서 그들의 고언(苦言)을 고맙게 받아들일 수 있는 것이다. 또 그들은 우리가 보내는 비평과 비난도 열린 마음으로 수용할 만큼 도량이 넓다.

나에게는 그런 친구들이 몇 명 있다. 그중에서 Trudy는 나하고 약 30년의 우정을 나누고 있는 친구다. 그녀는 앞에서 언급한 특징을 거의 다 가지고 있다.

1980년대 초, 우리 둘은 한 달간 유럽으로 배낭여행을 갔다. 값싼 유스호스텔에 방을 얻으려면 새로운 도시에 가급적 늦지 않은 시각에 도착해야 한다. 그런데 Trudy는 행동이 느렸다. 번번이 유레일 기차 시간에 늦게 도착하고, 그래서 유스호스텔 방을 놓치는 일이 발생하자 나는 드디어 폭발하였다.

"네가 저번에도 시간을 지체해서 헐레벌떡하느라 힘이 들었고…… 또 기차를 놓쳤고…… 이번에도 너 때문에 유스호스텔 방을 얻지 못했어. 넌 왜……?"

내가 그녀를 비난하자 그녀는 눈을 아래로 내리깔고서, "그래, 네 말이 맞아…… 그랬었지…… 사실이야…….".라고 간결하게 대답했다.

그렇게 해서 우리 두 사람의 말싸움은 싱겁게 끝나 버렸다. 감정의 동요도 없이 솔직하게 자신의 과오를 인정하는 친구를 나는 더 이상 힐책할 수가 없었기 때문이다.

이와 같은 유연한 자세와 솔직하고 품위 있게 칭찬하고, 부탁하며, 비판을 주고받는 기술은 꾸준히 연습하면 얼마든지 체득할 수 있다. 그럼으로써 당신도 사람들에게 기분 좋은 친구가 될 수 있고 멋진 인간이 될 수 있다.

이 장에서는 당신이 원하는 바를 다른 사람에게 품위 있게 부탁하거나, 거절하고, 칭찬을 하고 받으며, 충고나 비평을 해 주고, 비평에 반응하는 요령에 대해서 살펴보자.

# 품위있게
## 요청(부탁)하기

누군가에게 당신이 원하는 것을 부탁하려면 즉흥적으로 말하기 전에 부탁의 말을 준비하는 것이 좋다. 미리 분명하고 세련된 말로 적어 보고 거울 앞에서 연습해 본다. 그리고 나서 상대방과 대화하는 시간을 정하고 실제로 주장적 표현을 하는 것이다.

### 부탁하기의 문장을 미리 적어 보기

- 누구에게 — 사람 이름을 적는다. 여러 사람이 있다면 개인별로 따로 기록한다.
- 내가 원하는 것 — 구체적인 것을 정확하게 요구해야 한다. 나를 '존중해 달라'거나 '정직하라'와 같은 추상적 단어는 피한다. 흥미나 태도의 변화를 요구하지 말고 행동적 언어로 요구해야 한다.
- 언제 — 당신이 원하는 것을 기대하는 최종 시간이나 발생 빈

도를 나타낸다. 예컨대, 남편에게 집안 청소를 부탁한다면 '매주 토요일 아침 식사 직후에 청소해 주세요.'라고 말한다.

- 어디서—당신이 원하는 장소를 기록한다. 가령 당신이 집안에 혼자 있기를 원한다면, 혼자 있고 싶은 특별한 장소를 기술한다.
- 관련된 사람—가령 부모님에게 형제 앞에서 당신에게 무안을 주지 말라고 부탁하려고 할 때는 형제의 이름을 기록한다.

다음은 박영준(직장인, 28세) 씨가 형에게 부탁하고 싶은 내용을 적은 글이다.

| 내가 원하는 것 | 내 옷차림, 친구관계에 대하여 형이 나를 비판하는 것은 이제 더 이상 듣기 싫다. 형하고는 일상생활에서 일어난 실제적인 대화만 나누고 싶다. |
|---|---|
| 언제 | 저녁 식사 시간 |
| 어디서 | 온 식구가 모이는 부모님 댁에서 |
| 관련된 사람 | 특히 아버지와 |

"형, 내 옷차림이나 나의 친구관계에 대해서 형이 지적하지 않는다면 정말 고맙겠어. 아버지를 비롯해서 온 식구가 함께 식사할 때 나를 비판하면 정말 견디기 힘들어. 내 생각에는 최근에 우리 식구들에게 일어난 일이라든지, 어떻게 보냈는지와 같은 이야기를 한다면 기분이 더 좋겠어."

세련된 방식으로 부탁하기, 거절하기, 칭찬하기, 비평하기

## 부탁(요청)하기의 요령

부탁하기는 '사-감-구-상'의 기법이나 '나-전달법'의 형태로 전달하도록 한다. 그리고 맨 끝의 어구를 다음과 같이 질문 형태로 요청하는 것이 세련된 기술이다.

"~하고 싶은데, 우리 함께 ~해 보실까요?" (How about....?)

"~해 주시겠습니까?" (Could you....? Would you please....?)

"~해도 좋을까요?" (May I....?)

## 부탁(요청)할 때의 유의 사항

가능한 분명하고 직접적이고 무비판적인 형태로 말할 수 있을 때까지 요청하기를 연습한다. 그런 후에 시도해 보라. 다음은 요청하기를 사용할 때 준수해야 할 사항이다.

- 가능하면 상대방과 대화하기에 편리한 시간과 장소를 택하라.
- 큰 저항을 피하기 위해 사소한 요청으로 나눠서 하라. 상대방이 할 수 있는 한두 가지의 구체적인 행동을 요청하라.
- 요청할 때 비난하거나 공격하는 방식을 지양하라.
- 당신이 원하는 것은 태도의 변화가 아니며 행동적인 변화라고 표현하라.
- 주장적인 신체언어를 사용하라. 시선을 부드럽게 접촉하고, 앉거나 설 때는 반듯하게 하고, 팔다리를 꼬지 말고 정돈된

자세를 유지하라. 불만스럽거나 변명적인 어투가 아닌, 분명하고 확실한 어조로 말하라.

- 때로는 당신이 원하는 것을 말함으로써 얻을 수 있는 긍정적인 결과를 자신에게 독백해 보는 것이 도움이 될 수 있다. 또한 자신이 원하는 바를 말하지 않음으로써 뒤따르는 부정적인 결과도 자신에게 말해 보라. 꿀이 있어야 나비가 날아오듯이, 이득이 있는 결과를 상기하는 것이 더 효과적이다.

- 만일 당신의 요청이 거절되면 그에 대한 대안을 가지고 있어야 한다. 상대방이 당신의 부탁을 거절할 때는 그 거절을 받아들일 준비가 되어 있어야 한다. 그리고 상대방의 대답을 그의 성실성으로 간주하고 존중해 주도록 하라.

- 상대방의 대답에 대해 당신의 태도(감사, 실망, 수용)를 표현하라.

- 상대방이 당신의 요청을 거절한다고 해서 당신을 전체로 거부하는 것은 아니라는 점을 인식하라.

- '미안하다'는 말은 꼭 그렇게 느낄 때만 하라.

- 상대가 당신 말을 받아들이지 않을 때는 당신 역시 대화를 끝마칠 권리가 있다. 침묵이 필요할 땐 침묵하라. 결국 당신이 필요한 것은 말했으니까.

- 상대방이 당신의 부탁을 거절했음에도 당신이 완강하게 자기주장을 고수하고 싶을 때는 '네 – 그러나(yes, but)'의 기법을 사용하라. 그것은 먼저 상대방이 한 말을 '앵무새 노릇하

세련된 방식으로 부탁하기, 거절하기, 칭찬하기, 비평하기

기', 즉 상대방의 말을 앵무새처럼 따라하면서 동의를 표명하고, 이어서 당신의 요구 사항을 말하고 그 이유를 간단하게 덧붙이는 것이다.

예를 들면, 당신은 직장 상사에게 다른 부서로 옮겨 달라고 부탁했는데 상사는 지금은 바쁘니까 나중에 고려해 보자는 이유를 대면서 거절하였다. 그런데 당신은 가까운 시일 내에 기어코 다른 부서로 이동하고 싶다. 이때는 마음속으로 기합을 넣도록 한다. 자존감을 가지고 의연하게 임하기 위해서다. 그리고 다음과 같이 말한다.

"사장님, 너무 바쁘신 시기에 제가 부서 이동을 부탁드려서 귀찮으실지 모르겠습니다. 그러나 저로서는 지금이 신년의 시작이라(또는 '새로운 직무를 배우는 시기이기 때문에') 이 시기에 인사배치를 받고 싶습니다. 그렇게 해야 제가 ××부서의 일을 충분히 숙달할 시간이 있게 되고 일도 더 잘할 수 있기 때문입니다."

# 정중하게 거절하기

누군가가 당신에게 어떤 부탁을 했을 때 그의 요청을 거절해야 할 경우가 종종 발생할 것이다. 정중하게 거절하는 요령은 세련된 예절에 속하는 기술이다. 거절하는 요령은 부탁(요청)하는 기술과 동일한 방법을 사용하면 된다.

## 거절하기의 문장을 미리 적어 보기

앞 장에서 제시한 사례를 다시 인용해 보자.

당신 동생이 사업자금을 은행에서 융자받는 일을 도와달라고 한다. 동생의 사업 전망이 불투명한 시점에서 당신의 아파트가 은행의 담보물로 넘어갈 가능성을 배제할 수 없다는 판단이 들어 당신은 몹시 불안하다. 그래서 별수없이 거절을 해야 하겠다고 마음먹었다. 이때는 마음을 가라앉히고 자기가 할 말을 먼저 문장으로 써서 표현해 보는 것이 좋다. 문장을 적어 나가다 보면 공격적인 표현도 자제하고, 소극적인 표현도 자제하고, 다만 공감적인 주장 반응을 하기가 쉬워진다. 동생과 대면했더라면 이런 말이 나올 수 있었을 것이다.

"○○야. 나까지 망하게 되는 경우를 생각해 봤니? 네가 어떻게 내 가족과 내 인생을 책임진다는 말이냐? 그건 안 되겠다." 이것은 공격적이다.

"에⋯⋯, 에⋯⋯, 정말 미안해. 미안하구나. 네가 살겠다고 발버둥을 치는데 형이 되어 가지고 모른 체 할 수는 없는데⋯⋯, 나도 널 도와주고는 싶은데⋯⋯, 혹시 우리 집이 망하게 된다면 어쩌지? 정말 미안하다. 형이 무능해서 면목이 없구나."

이 말을 듣고 동생은 애원한다. "형님, 제 목에 칼이 들어가도 형님 집은 살릴 것입니다. 저를 믿으세요. 이번 한 번만 제 목숨을 살려 주세요. 형님."

"글쎄⋯⋯, 정말 난처하군⋯⋯. 아무튼 내 운명이 너한테 달려 있으니 기어이 성공하여라. 별수 있냐? 우리 집을 담보로 해 주마!"

동생의 간청에 못 이겨 이렇게 담보 허용으로 일단락을 내리고 나서 안절부절못하게 지내는 형의 처사는 비주장적이다.

그러나 형이 미리 다음과 같은 문장을 써 보고 이어서 소리 내어 읽어 보는 시간을 가진다면 비교적 담담하게 거절할 수가 있을 것이다.

"네가 오죽이나 다급했으면 내가 가지고 있는 유일한 재산을 은행 담보로 해 달라고 부탁을 하겠니? 네 마음은 충분히 알 만하구나. 나도 네가 가장 어려울 때 너를 도와주고 싶은 마음이란다. 네가 너무도 안타까워 내 가슴이 메어지는 것 같구나. 그런데 너도 알다시피 내가 여유자금이 없구나. 그리고 아파트를 저당 잡힌다면 그날부터 나는 뜬눈으로 잠을 잘 것 같다. 만약에 네 사업이 풀리지 않게 되면 우리 둘이 다 망하는 것은 그만두고라도 네 형수하고 너희 가족이 평생을 원수처럼 지낼 것이 두렵구나. 그러니 처음에 섭섭하고 원망스럽더라도 이번에는 내가 별수없이 거절하기로 했다. 그것은 형제간에 죽을 때까지 원수가 되거나 남남이 되지 않는 편을 선택하는 것이 더 현명한 처사라고 판단했기 때문이다. 형이 경제적으로 무능해서 뭐라고 할 말이 없구나. 형을 이해해 주기 바란다. 아파트 담보 이외 다른 방법으로 너를 다소나마 도울 수 있는 길이 어떤 것인가를 연구해 보겠다. 그리고 너를 위하여 밤낮으로 엎드려 기도하는 형의 진심을 알아주기 바란다. 사랑하는 동생아, 부디 이 어려운 시기를 인내심을 가지고 잘 견디기 바란다. 차후에 다시 만나자."

형이 거절하기를 바로 말로 표현했더라면 '미안하다' '죽을 죄를 졌다'라는 표현을 수없이 반복했을지도 모르고 서로 간에 솔직한 마음을 제대로 이야기할 수 없었을지도 모른다. 그러므로 미리 글로 써 본다든지 또는 편지로 자기 의사를 주장하는 것이 유익할 때가 많다.

## 거절하는 요령

상대방의 자존심을 상하게 하지 않는 방법으로 거절하기란 쉬운 일이 아니다. 완곡하고 배려적이되 간결한 말로 거절하는 것이 세련된 주장적 표현이다.

- 가부를 확실히 밝힌다. 만일 가부를 밝히기 어려울 때는 생각할 시간을 가지도록 한다. 그러고 나서 솔직하려고 노력한다.
- 일단 가부를 밝혔어도 당신의 마음을 바꿀 수 있다. (권리)
- 대답은 간단히 한다. 그리고 변명하지 않는다.
- '미안하다'는 말은 꼭 그렇게 느낄 때만 사용하며 지나치게 사과하지 않도록 한다.
- 대안을 제시할 수도 있다. "다른 기회에 만나도록 할까?" "차라리 내가 ~하지 않는 편이 낫겠다." "그게 좀 불가능한데요. 안 된다고 말해야겠군요."
- 상대방 쪽에서 계속해서 당신을 괴롭힐 때는 '고장난 CD'의 역할놀이를 할 수 있다. 가령 외판원이 수차례 방문하여 어떤 물건을 사 달라고 강권한다. 당신이 정중하게 거절을 했는데도 막무가내다. 이런 경우는 그가 당신의 인격과 권리를

침해한 것이다. 그는 당신의 존경을 받을 만한 행동을 하고 있지 않다. 당신은 당신의 권리와 욕구를 보호해야 할 입장에 있는 것이다. 그와 같은 상황에서는 당신이 똑같은 말을 반복하면서 담담하나 간결하게 거절하면 된다. "제가 안 된다고 말씀드렸죠? 됐습니다. 가 보세요."

# 3 칭찬하기

    평소에 우리가 주장적 자기표현 기술 중에 가장 많이 익히고 사용할 기술은 칭찬하기다. 칭찬은 기본적으로 '나는 너를 좋아한다.'의 표현이다.

    왜 칭찬이 중요한가? 그것은 칭찬이 상대방의 존재를 인정해 준다는 메시지를 담고 있기 때문이다. 모든 사람에게는 인정받고 싶은 욕구가 있다. 누군가가 나를 인정해 주면 의욕이 생기기 때문에 일을 더 잘할 수 있게 된다. 특히 어린이들은 칭찬과 격려를 먹고 자란다. "아유, 착해라." "참 예쁘기도 하지." "참 영리하구나." "그러면 그렇지!" "넌 대단한 아이야." "아빠는 널 믿는다."라고 칭찬해 주자.

    배우자에게도 칭찬해야 한다. 배우자들의 불만을 따지고 보면 그 핵심은 거의 '나를 인정해 달라.'는 호소다. "여보 고생했어요." "당신은 든든해요." "당신을 믿어요." "고마워요." "당신은 아름답

군요." "당신은 알뜰해." "당신은 센스가 있어." "사랑해." "당신의
~이 참 좋아요!" 이런 말을 자주 하게 되면 배우자의 불만이 눈
녹듯이 사라질 수 있다.

직장에서도 상사가 부하 직원들을 인정해 주고 호의적으로 대
해 주며 그 직원이 직장에서 매우 소중한 사람이라는 인식을 심어
주게 되면 그것이 곧 칭찬과 같은 메시지로 전달된다.

### 칭찬하는 요령과 칭찬받는 요령

- 진심으로 칭찬하라. 사실에 근거하여, 과장되지 않은 표현으
  로 칭찬하도록 한다. 너무 과분한 칭찬을 받게 되면 상대방
  은 부담감과 당혹감을 느낄 수 있다. 그리고 당신의 진심을
  의심하여 오히려 당신을 신뢰하지 않게 될 가능성도 있다.
- 듣고 싶어 하는 말이 무엇일까를 헤아려 보고 그의 장점과
  개성을 발견하여 칭찬해 주도록 하라.
- 상대방이 당신에게 미친 영향력을 언급하고 또 그에게 자문
  을 구하는 것도 일종의 칭찬이 된다.
  "자네와 같이 일하면 마음이 편하고 기분이 좋네."
  "김 대리에게 일을 맡기면 내가 안심이 되어요."
  "민 계장, 우리 회사의 ○○정책에 대해서 어떻게 생각을 하
  지요? 민 계장의 아이디어를 듣고 싶어요. 내가 민 계장에게
  자문을 구하는 거예요."
- 즉시, 구체적으로 하라. "당신은 아름답군요."보다는 "당신 머

세련된 방식으로 부탁하기, 거절하기, 칭찬하기, 비평하기

리 스타일이 아름답군요."가 더 구체적이다. "선생님의 넥타이가 멋있네요."보다는 "선생님의 넥타이 색깔이 윗저고리와 잘 어울리네요. 미적 감각이 대단하네요."가 더 좋다.

- 간결하게 하라. 너무 장황하게 여러 가지 사항을 언급하면서 칭찬을 하면 칭찬받는 사람이 무슨 내용으로 칭찬받았는지 기억하지 못하게 된다.

- 기분 좋은 신체언어로 칭찬하라. 마치 다정한 사람을 대하듯이 미소를 보내고 시선을 맞추면서 칭찬하라.

- 결과보다는 과정에 대하여 칭찬하라. "아이고, 이번에도 내 아들이 100점을 맞았구나. 내 아들이 이 세상에서 제일 영리하고 공부를 제일 잘한단 말이야." 아이는 이런 칭찬을 듣고 부모에게 "아니에요. 엄마! 난 미련해요. 난 공부를 잘하지 못한단 말이에요."라고 반응할 수 있다. 그것은 부모의 칭찬 속에 담긴 기대를 아이가 간파하고 부담감을 느끼기 때문이다. 그러므로 100점이라는 결과보다는 100점 맞기까지 자녀가 노력한 과정을 인정해 주는 것이 더 좋다. "아이고, 이번에도 내 아들이 100점을 맞았구나. 엄마는 네가 열심히 노력하는 것이 너무 좋구나."

- 평가적인 표현의 칭찬은 상대방을 당혹스럽게 한다. 그보다는 감성적인 표현으로 칭찬하는 것이 좋다. "당신은 아주 값비싼 귀고리를 했군요."보다는 "당신 귀고리가 아주 맘에 드네요. 매우 우아하고 격조 있게 보여요."가 더 좋다. "와, 이

부담감을 안겨 주는 칭찬 – 결과에 초점 맞추기

효과적인 칭찬의 기술 (1) – 과정에 초점 맞추기

세련된 방식으로 부탁하기, 거절하기, 칭찬하기, 비평하기

유쾌하지 않은 칭찬 – 평가적인 말

효과적인 칭찬의 기술 (2) – 느낌을 표현하기

렇게 넓은 집은 수십 억 원을 호가하겠네요."보다는 "와, 이 집은 너무 좋네요. 시야가 탁 트여서 좋고요. 운치가 있어요."가 더 좋다.

- 가끔씩 여러 사람 앞에서 공개적으로 칭찬하라. 그것이 인정받게 하는 첩경이다.

- 대상의 나이, 지위, 성격에 따라 칭찬하는 방식을 달리해야 한다. 예를 들면, 지적 수준이 매우 낮은 사람(특수아)이나 어린이들에게는 무조건 칭찬하는 것이 좋다. "참 예쁘구나." "참 착하지."

- 그러나 논리적 사유의 능력이 발달하기 시작하는 청소년들에게는 칭찬을 하되 반드시 그 이유를 설명해 주도록 한다. "넌 참으로 부지런하구나. 너는 사회에 나가서 반드시 성공할 것이다. 아침에 제일 먼저 교실에 들어온 학생이 바로 너야. 선생님은 네가 지각한 것을 본 적이 없거든."

- 칭찬을 받을 때는 감사로 수용한다. "감사합니다." "그렇게 말씀해 주시니 저도 기분이 참 좋군요."

- 상호 간에 칭찬을 주고받는 관계가 중요하다. 그러므로 칭찬을 받고 나서 그것을 즐기는 것과 수용하는 것이 좋다. 내가 칭찬을 받아들이는 것은 상대방이 나에게 보여 준 호의에 대한 감사의 표시가 된다. 상대방의 칭찬을 묵살하는 것은 상대방의 견해를 무시하는 행위가 된다는 점도 유념하자. 품위 있게 칭찬을 받아들임으로써 상대방이 다음에도 칭찬을 하

세련된 방식으로 부탁하기, 거절하기, 칭찬하기, 비평하기

기 쉽게 만들자.

## 윗사람을 칭찬하고 인정하기

한국 문화에서 어른을 칭찬하는 데는 특별한 매너(예절)가 필요하다. 젊은 사람이 윗사람을 존경하는 의미로 칭찬을 보냈는데 정작 칭찬을 받는 쪽은 마치 자기가 연소자에게서 평가받는 듯한 느낌으로 받아들일 수 있다. 이때는 차라리 칭찬을 존경하는 표현으로 대치하는 편이 더 현명하다.

- "교수님, 대단하시네요. 능력이 뛰어나세요."
  - → "교수님, 정말 존경스럽습니다. 저도 교수님 나이쯤 되면 교수님처럼 지식과 경험에 두루 달관하고 싶어요."
- "Y팀장님, 팀장님은 참 명석하세요. 어쩌면 그렇게 창의성이 뛰어나세요? 이번에도 역시 팀장님의 집단이 상을 받으셨군요."
  - → "Y팀장님, 팀장님과 같이 일하는 직원들은 참 행복하겠어요. 이번에도 팀장님의 창의력 덕분에 상을 받으셨군요. 참 부러워요."

윗사람을 칭찬함으로써 상사에게 존경과 호의를 표현하는 것은 성공적인 직장생활의 조건이 될 수 있다. 그런데 상사에 대한 칭찬이 동료의 눈에는 아첨으로 보일 수도 있다. 실제로는 아첨을

혼란스러운 칭찬 – 상대방의 수준에 맞지 않은 칭찬

효과적인 칭찬의 기술 (3) – 상대방의 수준에 맞추어 칭찬하기

세련된 방식으로 부탁하기, 거절하기, 칭찬하기, 비평하기

잘하는 사람이 직장에서 성공하는 비율이 높은 것으로 나와 있다. 사실을 말하자면 상사는 칭찬받을 기회가 없는 지위에 놓여 있다. 그러므로 어떤 의미에서는 칭찬에 굶주려 있는 셈이다. 진심 어린 아첨은 곧 칭찬도 되고 인정도 된다. 그러므로 당신은 상사를 마음껏 칭찬하고 할 수만 있다면 아첨도 하는 것이 좋다. 다만 상사를 칭찬할 때는 동석한 동료에게 당신이 아첨하는 사람으로 보이지 않도록 조심하는 것이 현명하다.

- "저는 사장님 생각에 선견지명이 있다고 느껴요. 사장님 의견에는 무조건 동의합니다. 아주 좋습니다."
→ "저는 사장님 생각에 선견지명이 있다고 느껴요. 이건 저만의 생각이 아니고 아마도 저희 직원들이 거의 동감할 겁니다. 한번 사장님께서 직접 확인해 보세요, 그렇지 않아요. 여러분?"

이렇게 표현하면 동료들도 당신과 더불어 사장을 칭찬하고 인정하는 일에 동조하게 하는 효과를 가져온다. 그리하여 당신 동료가 당신과 함께 사장을 존경하는 일에 동참함으로써 모두가 인정받게 되고 유쾌한 교류를 나눌 수 있을 것이다.

상사에게 보고를 잘하고 수시로 연락을 취하며 개인적인 문제에 대하여 가끔씩 자문과 상담을 구하는 행위도 간접적인 칭찬이다. 그런 행동을 통하여 상사에게 '나는 당신을 존경합니다.' 또는

'당신을 신뢰하고 따릅니다.'는 메시지가 전달되기 때문이다.

## 상대방의 성격에 따라 칭찬하는 방법

스즈키 요시유키는 『칭찬의 기술』에서 직장인을 기질에 따라 대략 네 가지 유형으로 나누고 개인의 성격과 기질에 맞추어 칭찬하는 법을 달리하라고 제안하였다.

- 독립성이 강한 사람 – 다른 사람에게서 간섭받기를 싫어하고 자기 할 일을 알아서 하는 유형. 이런 사람들은 대개 지배성이 높고 달변가이며 카리스마적 리더십을 보인다. 이런 사람의 경우 그의 리더십을 인정해 주면서 '당신에게 맡긴다.' 또는 '○○을 부탁한다.'는 방식으로 말하는 것이 곧 칭찬이 된다.

- 분위기 메이커 – 정서적이고 독창적인 성품의 인간으로서 여러 사람과 화합하여 일을 잘 처리하는 유형. 이런 사람들은 그의 풍부한 감성과 기분에 부응해 줄수록 기분이 상승되고 일을 더욱 잘하게 된다. 그러므로 전체 집단 속에서 그의 노력을 공포하여 진한 감동을 안겨 주는 이벤트를 만들어 주거나 '감탄사'로 칭찬하는 것이 효과적이다.

- 조용한 성실형 – 묵묵히 자기의 할 일을 책임감 있게 수행하며 결코 독선적이지 않고 주변 사람들에게 사이좋게 부응하는 유형. 이런 사람들에게는 거창한 업적에 대하여 칭찬해

세련된 방식으로 부탁하기, 거절하기, 칭찬하기, 비평하기

주기보다는 성실하게 노력하는 과정 자체를 인정하고 칭찬
해 주도록 한다. '고맙다' '수고한다'는 말이 적합하다.

- 이성적인 유형 – 냉철하고 초연하다는 인상을 풍기며 논리
  적이고 분석 능력이 뛰어난 유형. 이런 사람들에게는 칭찬을
  자제하는 것이 현명하다. 어쩌다 한 번씩 칭찬을 해 줄 때는
  그의 전문성을 인정해 주는 방식으로 하되 그의 지적 수준에
  부합되는 단어를 선택하는 것이 좋다.

- "K계장은 정말 머리가 좋으시군요. 어쩌면 그런 기발한 아이
  디어를 생각해 내셨어요?"

  → "K계장은 우리 회사 직원들이 아무도 생각해 내지 못한 발
    상을 말씀하셨어요. 인간을 '생체시계'라고 보는 것은 고
    정관념을 탈피한 아이디어로군요."

# 4

# 충고와
# 비평을 하는 요령

우리는 상대방이 좀 더 좋아지기를 바라는 마음에서 상대방에게 충고하거나 비평해 주는 경우가 가끔씩 있다. 그런데 상대방은 나의 충고와 비평을 자신에 대한 비난으로 받아들이고 오해하는 수가 많다. 충고한다는 것은 그만큼 어려운 일이다. 충고와 비평을 할 때는 다음과 같은 점을 유의하기 바란다.

- 당신이 누군가에게 충고나 비평을 하고자 할 때는 미리 그 장면을 머릿속에 그려 보고 비평할 사항에 대하여 글로 써 보는 것이 좋다.
- 그리고 나서 상대방에게 예고를 한다. "얘. 우리가 자취하면서 지키기로 한 규칙이 요즈음 잘 이행되고 있지 않구나. 나혼자 주로 청소하고 밥하고 너는 많이 빠졌거든. 내일 저녁에 그 문제에 대해서 잠깐 이야기 좀 해 보자."

- 상대방을 야단치거나 질책하지 말고 건설적으로 비평하도록 한다. 감정이 고조된 상태에서 극단적인 단어를 사용하는 것은 상대방에 대한 인신공격으로 지각될 수 있다. 그러므로 빠른 속도의 화가 난 목소리로 호통 치기보다는 비교적 느리고 낮은 목소리로 또박또박 말하도록 한다. '항상' '언제나'와 같은 단정적인 어구보다는 '여러 번' '자주'와 같은 어구로 표현한다. 또 '빵점이야.' '형편 없어.'와 같은 부정적 표현보다는 '조금 더 노력해야 되겠구나.'와 같은 긍정적인 표현을 사용한다.
- 인간 됨됨이를 평가하지 않도록 한다. 이것을 'Be-Message'라 한다. 그 대신에 그의 행동을 평가하는 말로써 비평하도록 한다. 이것을 'Do-Message'라 한다.

| Be-Message | Do-Message |
|---|---|
| "야. 넌 돼지새끼냐?<br>넌 게으르고 틀려먹었다니까.<br>집 안을 돼지우리로 만들어 놓았구나." | "네가 집 안을 너무 어질러 놓았구나.<br>방 안을 말끔히 치워라." |

Do-Message와 비슷한 개념으로써 직면화(confrontation)의 기법이 있다. 직면화(또는 맞닥뜨림)는 상대방의 특성이나 모순에 대하여 당신이 관찰한 것을 객관적으로 피드백해 주는 것이다. 앞의 사례를 직면화 해 보면 다음과 같다.

Be – Message와 그 효과

Do – Message와 그 효과

세련된 방식으로 부탁하기, 거절하기, 칭찬하기, 비평하기

"애야. 지난 열흘 동안에 너는 단 하루도 네 방을 청소한 날이 없더구나. 그리고 네가 입었던 옷이나 양말을 네 방에 그대로 쌓아 두니까 악취가 심하다. 이런 행동에 대해서 너는 어떻게 생각하니?"

당신이 직면화를 사용하면 상대방이 저항과 자기방어를 하지 않고 당신의 말을 순순히 경청하게 되는 효과가 있다.

* 가능하다면 여러 사람 앞에서 비평하기보다는 개인적으로 불러서 비평하는 것이 좋다.
* '나-전달법'이나 '사-감-구-상'의 표현으로 비평하도록 한다. 그것은 당신의 감정도 표현하고 상대방이 취할 수 있는 어떤 대안도 함께 제시하면서 비평하는 것이다. "나는 말끔한 것을 좋아한단다. 네가 네 방 청소에 조금만 신경을 써 준다면 내가 얼마나 기분이 좋을지 모르겠다." "네가 네 방 청소도 하지 않고 입던 옷을 쌓아 두면 나로서는 몹시 짜증이 난다. 앞으로는 일주일에 한두 번은 네 방 청소를 하고 네가 입었던 옷을 매일 저녁 빨래통에 넣어 주겠니? 바쁘다면 토요일 오후에 30분만 청소하도록 하여라. 그러면 토요일 저녁엔 너에게 특별 간식을 마련해 줄게!"

# 5
## 비평에 반응하기

　건설적인 비평은 우리가 기꺼이 수용할 줄 알아야 한다. 그러나 상대방이 당신을 비난하고, 애매모호한 방식으로 당신에게 충고하고, 객관성이 없는 준거로 당신의 행동을 평가하고 인신공격할 때 당신은 상대방의 비평을 받아들이기보다는 주장적인 반응으로 대처할 필요가 있다. 따라서 당신이 누구에게서 비평을 받을 때는 먼저 그 비평이 공정한가의 여부를 판단해 보아야 한다.

　비난적인 논평에 대하여 주장적으로 반응하는 방식은 당신이 항복하지도 않고 공격하거나 그 관계를 파괴하지도 않는 것이다. 그 대신에 비난을 누그러뜨리는 것이다. 당신이 비난을 받을 때 주장적으로 반응하는 요령은 비평자의 옳은 관점은 인정하고, 그릇된 부분은 무시하거나 정정해 주는 것이다. 그리하여 당신의 자존감을 희생하지 않으면서 부질없는 비난과 공격적 발언을 종식시킬 수 있다.

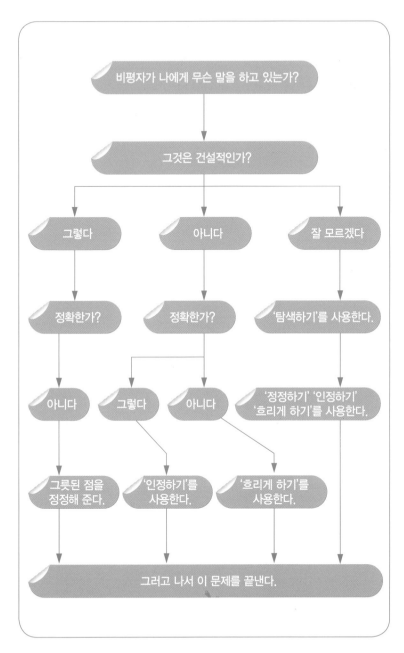

**비평에 대처하는 방식**

\* 출처:『나를 사랑하기』(Mekay & Fanning, 2003)

상대방이 나를 비난하거나 비평할 때 내 쪽에서 주장적으로 반응하는 데는 세 가지 기법이 있다. 즉, 인정하기, 흐리게 하기, 탐색하기가 그것이다. 의연하게 자기를 지키면서 당신을 비평하는 사람과의 관계를 건설적으로 유지하기 위해서는 앞 장의 그림과 같은 절차에 따라 판단해 보고 난 다음에 적절하게 대처하는 것이 효과적이다.

## 인정하기

'인정하기(acknowledgement)'는 비평자의 말에 간단히 동의하는 것을 의미하며 그 목적은 비난을 즉시 멈추게 하는 데 있다. '인정하기'는 누군가가 당신을 정확하게 비평할 때, 그리고 당신이 그의 의견에 완전히 동의할 수 있을 때만 사용하도록 하라.

- "당신 말이 맞습니다."라고 말하라.
- 비평이 타당하다면 그 사람에게 감사하라.
- 필요한 경우에는 상대방에게 설명하라. 설명은 사과가 아니다. 당신이 그에게 비평해 달라고 요청한 것이 아니라는 점을 명심하라. 비평을 해 준 사람 쪽에서 볼 때 그의 견해가 옳다는 말을 들으면 만족하게 된다. 그러므로 당신이 굳이 사과할 필요가 없다.
  비난: "물건을 좀 더 잘 간수하세요. 당신이 쓰고 난 망치가 방바닥에 떨어져 있는데 아이들이 다치면 큰일나요."

반응: "그래요. 망치를 사용하고 나서 제자리에 갖다 두어야
했는데 알려 줘서 고마워요."

- 내가 세련된 방식으로 상대방의 비평이나 비난을 인정하게
되면, 오히려 구체적인 대안(아이디어)을 구하는 기회로 그
비평을 이용할 수 있다. 그렇더라도 상대방의 대안에 대하여
경청하고 나서 당신이 그의 아이디어를 반드시 채택 할 필요
는 없다. 당신은 그의 비평을 다만 고려 사항으로서 경청하
는 것이다. 그리고 나서 건설적인 비평을 해 준 데 대해서 감
사의 뜻을 표시하면 된다.

비난: "네 사무실은 항상 엉망이야. 넌 이런 데서 어떻게 서
류를 찾지?"

반응: "맞아. 내 사무실은 엉망이야. 나도 내가 원하는 것을
찾을 수 없어. 내 서류철을 다시 정리하려면 어떻게
해야 할까?"

- 비평을 인정하되, 당신의 감정을 표현하는 것이 좋다.
"그 말에는 일리가 있습니다. 그런데 여러 사람 앞에서 평을
듣는다는 것이 나로서는 당황스럽습니다. 기왕이면 사적인 자
리에서 내게 가만히 이야기해 준다면 기분이 더 좋겠습니다."


'인정하기'에는 여러 가지 이점이 있다. 이것은 비평자의 입을
다물게 하는 데는 최상의 전략이다. 비평자가 당신의 실수를 꼬투
리 삼아 무수한 예를 들어 가면서 괴롭히려고 할 때 당신이 비판자

상대방의 비평을 듣고 인정하기

의 말에 동의하게 되면, 당신은 마치 '유도' 시합의 원리와 같은 힘을 얻게 된다. 비평자의 말을 당신이 인정해 주면 그는 더 이상 할 말이 없게 되기 때문이다. 극히 소수의 사람만이 끈질긴 비난을 계속하는데 그런 사람은 자신이 옳다는 것을 입증하여 만족감을 얻고 싶고 당신을 야단침으로써 기쁨을 얻고 싶어 하는 것이다.

그러나 '인정하기'에는 취약점이 있다. 당신이 사실과 어긋난 비평자의 말을 인정하게 되면 당신은 자존감을 보호하지 못하게 된다.

## 흐리게 하기

비평자의 말에 당신이 완전히 동의할 수 없을 때는 '흐리게 하기 (clouding)'의 기법을 사용할 수 있다. '흐리게 하기'는 비평자의 말에 형식적으로 동의하는 것을 의미한다. '흐리게 하기'는 비건설적이고 부정확한 비평을 들을 때 사용한다.

### ① 부분적으로 동의하기

부분적으로 동의한다는 것은 상대방의 비난 중 어느 한 부분만을 인정하는 것이다.

비난: "당신은 도무지 믿을 수 없다니까. 아이를 집으로 데려오는 것도 잊어버리고 빨래더미는 집채만큼 쌓여 있고…… 당신은 어디에 가 있는지 도무지 알 수가 없어요."

반응: "지난주 수영 강습 후에 내가 아이를 깜빡 잊고 데려오지 않았다는 말은 맞아요."

### ② 가능성에 동의하기

이것은 당신이 "네 말이 옳을 수 있어."라고 말함으로써 그 가능성에 동의하는 것이다. 비판자가 말한 부분 중에서 만분의 일이라도 일어날 가능성이 있으면 "그럴 수 있어."라고 정직하게 말하라.

비난: "네가 치과 진료를 받지 않으면, 치아가 다 썩어 버릴 것이고, 그러면 평생 불편할 거야."

반응: "그럴 수 있어. 치아가 몽땅 썩을 수 있겠지."

### ③ 원리에 동의하기

이 기법은 비록 비난자의 가설이 입증되지는 않았어도 그의 논리는 옳다고 인정해 주는 것이다. 이것은 '만약 ~라면'이라는 조건부 형식을 취한다.

비난: "야. 지금이 벌써 저녁 일곱 시잖아. 네가 '세월아 가거라.' 하고 밥을 짓다가는 한밤중에나 저녁밥을 먹겠구나."

반응: "밥을 짓는 데 다섯 시간이 걸린다면 어머님 말씀이 맞습니다."

상대방의 비평에 대하여 흐리게 하기

'흐리게 하기'의 기법을 사용하면 외양적으로는 당신이 비판자의 의견에 동의하는 것처럼 보이므로 비난자는 그것으로 만족할 수 있다. 그러나 겉으로 표현되지 않은 메시지는 다음과 같다.

"네 의견이 옳을 수는 있겠지만 나는 네 생각과 달라. 부질없이 너하고 언쟁하지 않겠어. 나는 내 의견을 말하고 나서 내가 원하는 대로 할 거야."

세련된 방식으로 부탁하기, 거절하기, 칭찬하기, 비평하기

## 탐색하기

비평자가 당신을 도우려고 하는지, 해치려고 하는지를 정확하게 알수 없다면 당신은 그 의도가 분명해질 때까지 '탐색하기(exploring)'의 기법을 사용할 필요가 있다.

그것은 당신이 불평을 터트리는 사람에게 구체적으로 그가 무엇을 원하는지에 대하여 계속 질문하는 것이다. 가령 '게으르다' '부주의하다'와 같은 추상적이고 경멸적인 말투는 구체적으로 무엇을 의미하는지를 질문함으로써 그가 그런 말투로 당신을 비난하지 못하도록 영향력을 행사할 수 있다.

> 남: "당신은 게을러요."
>
> 여: "정확히 어떻게 게으르죠?"
>
> 남: "당신은 멍하니 앉아만 있어요."
>
> 여: "내게 원하는 것이 뭐죠?"
>
> 남: "그렇게 꾸물거리는 것 좀 그만둬요."
>
> 여: "그렇게 말하지 말고 당신이 나에게 바라는 것을 정확히 말해 보세요."
>
> 남: "글쎄. 먼저 지하실 좀 깨끗이 치워요."
>
> 여: "그 외 또 있어요?"
>
> 남: "하루 종일 TV 앞에 있는 것 좀 그만둬요."
>
> 여: "그래요. TV를 그만 보고 그 대신에 실제로 내가 어떤 것을 하기를 원합니까?"

탐색할 목적으로 당신이 비평자에게 질문을 하고 나서 비평자의 의도를 알게 되면 그 의도의 내용이 정확한가를 자문해 보도록 하라. 당신은 그것에 동의하는가? 만약 건설적인 비평이긴 하지만 약간 부정확하다면 당신은 비평자의 과오만 지적하는 것으로 끝마치도록 한다.

만약 건설적인 비평일 때는 당신이 그것을 인정하고 더 이상 언급하지 않으면 그만이다. 만약에 건설적이지 못한 비평을 받았는데 그것이 정확한 경우는 당신은 그것에 동의하고 이어서 비난의 공격을 막아내야 한다.

마지막으로 상대방이 당신에게 건설적이지도 않으며 정확하지도 않은 비평을 하는 경우가 있다. 이런 경우는 그 비평이 당신을

상대방의 비평에 대해 탐색하기

세련된 방식으로 부탁하기, 거절하기, 칭찬하기, 비평하기

해칠 뿐만 아니라 그가 사실을 잘못 알고 있는 것이다. 이때는 '흐리게 하기'의 기법을 사용할 필요가 있다.

'탐색하기'의 이점은 탐색을 하는 과정에서 당신이 필요한 정보를 얻을 수 있다는 점이다. 처음에 비난처럼 들렸던 것이 실제로는 당신을 위한 합리적인 제안이거나, 관심의 표현이거나, 애원의 소리라는 것을 알아낸다. 당신에 대한 비난자의 의도를 분명하게 알게 되면 상대방의 불평과 험담의 말문을 막고 그 대신에 당신 쪽에서 변화가 가능한 대화로 바꿀 수 있는 장점이 있다.

# 사 례

사례 1 의사와 환자의 요구가 달라서 난처한 간호사

Q 저는 병원에 근무하는 간호사인데요, 제가 환자들에게 치료를
정성껏 해 주어도 환자는 의사만 불러 달라고 요청하는 경우가
많습니다. 주치의 선생님은 바쁘다고 저더러 처치하라고 말씀하시는데
제가 중간에서 입장이 난처할 때가 많습니다. 얼마 전에도 어느 환자가
의사가 와서 상처 부위를 치료해 달라고 청했는데 주치의 선생님은 바
쁘니까 오후에 치료해 주겠다고 환자에게 전달해 달라고 말씀하셨습니
다. 이런 경우는 제가 어떻게 해야 할까요?

A 환자에게는 의사에게 문의하고 치료받을 권리가 있기 때
문에 당신은 환자의 요청에 응해 주어야 하겠지요. 주치
의 선생님이 바쁘신데 당신은 환자의 요청 때문에 그분을 괴롭히
는 입장에 놓이게 되었군요. 당신은 주치의 선생님에게 자기의 소

신을 말하지 못하는 소극성을 보이고 있습니다. 이때는 당신의 직무에 충실하기 위해서도 주치의에게 주장적인 표현을 해야 합니다. '네 – 그러나'의 방식으로 주치의 선생님께 부탁하십시오. "선생님께서 지금은 매우 바쁘시고 중요한 일이 있는 것으로 알고 있는데요. 그렇지만 환자도 매우 중요합니다. 환자는 선생님을 뵙고 싶어 해요. 선생님께서 환자를 직접 만나서 말씀해 주세요."

**사례 2  무례한 택시 손님 다루기**

Q 저는 택시 기사입니다. 제 직업상 별의별 손님을 다 태워 드리며 세상의 인심을 알아가는 형편이지만 개를 데리고 택시를 타는 손님이 저는 가장 싫습니다. 저로서는 개가 실수할 경우가 걱정이고 기어코 개털이 떨어져서 재채기 반응이 나타나면 뒤에 탄 손님에게도 지장을 주거든요.

택시 바닥에 개를 내려놓는 경우에 저는 손님에게 안고 타 달라고 부탁을 합니다. 그러면 손님은 제가 '이상한 기사'라는 듯이 노려보고 비꼬며 몹시 불쾌하게 나옵니다. 이런 경우에는 어떻게 화를 참고 대해야 할까요?

A 기사님께서는 방금 저에게 말씀해 주신 내용을 그대로 손님에게 말씀하면 됩니다. 손님 중에는 택시나 버스, 비행기 승차와 관련된 에티켓과 법규를 잘 알지 못하는 분이 의외로 많습니다. 그러므로 손님에게 친절한 어투로 승차 규칙을 먼저 설

명해 주고 나서 강아지를 바닥에 내려놓지 말아 달라고 부탁하십시오.

대강 이렇게 말씀하세요.

"손님, 강아지가 아주 귀엽군요. 그런데 택시나 기차, 버스를 탈 때 애완동물은 반드시 상자 안에 넣어서 동승해야 하고, 그것이 불가능할 때는 손님이 꼭 안고 있어야 하는 것이 규칙입니다. 개털이 하나라도 떨어지게 되면 알레르기 환자에게는 곧바로 질병을 일으키게 하니까요. 죄송하지만 손님, 강아지를 바닥에 내려놓으면 안 되니까 안고 계시겠습니까?"

## 사례 3 어른들에게 제대로 의사 표현을 하지 못하는 학생

Q 옆집에 사는 아줌마와 아저씨는 밤이나 주말만 되면 친구분들을 데리고 와서 '화투놀이'를 즐깁니다. 그런데 그 소리가 너무 시끄러워서 저는 책을 제대로 볼 수도 없고 숙제도 할 수가 없습니다. 조용히 해 달라고 말하고 싶지만, 저보다 훨씬 나이 많은 어른들이라서 어렵습니다. 또 저는 아르바이트를 하며 학비를 마련하는데 사장은 근무 시간 이외에도 과외로 몇 시간씩 다른 일을 시킬 때가 많습니다. 저는 시간을 쪼개서 공부해야 하니까 항상 시간에 쫓기고 있는 형편인데 말입니다. 사장은 초과수당을 주지도 않습니다. 이런 경우에도 사장의 부탁을 거절하기가 힘들고 초과수당을 달라고 말하기도 어렵습니다. 나이 드신 분들에게 의사표현을 할 수 있는 방법이 없을까요?

세련된 방식으로 부탁하기, 거절하기, 칭찬하기, 비평하기

A유교권에 속한 우리나라에서는 나이 드신 분들을 특별히 존경하게 되어 있는데 그것은 참으로 아름다운 풍속입니다. 그런데 젊은이가 어른을 존경한다는 것이 어른들의 횡포를 묵인하여 피해를 감수하라는 뜻은 아닙니다. 유교적인 사상에 젖은 한국인 중에는 이 점에 대하여 오해하고 있는 분이 많습니다. 나이와 지위의 고하를 막론하고 우리는 인간적으로 평등하며 행복한 삶을 살 기본권이 보장되어 있습니다. 그러니까 어른이 젊은이의 인권을 무시해선 안 되고 젊은이가 어른을 무시해도 안 되는 것이며, 서로가 서로를 배려하여 자기의 정당한 권익을 보호받아야 합니다.

학생은 성격상 희생적이고 소극적이며 손해 보고 사는 착한 사람인 것 같습니다. 지금부터는 이웃집 아줌마와 아저씨에게 주장적인 자기표현을 하십시오. 비굴하게 죄의식을 느끼면서 머뭇머뭇 말하지 말고, 또한 무례하고 거칠게 화난 표정으로 말씀드리지 않도록 하세요. 느리고 낮은 목소리로, 눈을 응시하면서 학생이 하고 싶은 말을 간결하게 하십시오.

"아저씨, 옆집에 사는 ○○입니다. 아저씨와 아주머니께서 친구분들과 화투를 치시면서 즐겁게 지내시는 것은 참 좋다고 생각합니다. 그런데 밤중에 제가 책을 보는 시각에 큰 소리로 화투를 치시기 때문에 지금까지 제대로 공부를 할 수가 없었습니다. 밤 9시 이후에는 소음을 내지 않는 것이 에티켓이 아닐까요? 다음부터는 늦은 밤에 화투를 치시는 것과 큰 소리로 화투 치시는 것을 자제해 주시기를 부탁드립니다. 제가 열심히 공부해서 좋은 직장을 구하고 큰 인물이 되면 아저씨를 찾아뵙고 인사드리겠습니다. 저를 친조카나 아들로 생각하시고 도와주세요."

이와 같은 맥락에서 아르바이트하는 가게의 사장에게도 학생이 생각하고 느끼는 바를 분명하게 밝혀서 자기의 권익을 유린당하지 않도록 하십시오.

사장이 학생에게 주어진 업무와 무관한 일을 과외로 시킬 때, 인정상 한두 번은 학생이 응해 줄 수도 있을 것입니다. 그러나 사장 쪽에서 학생에게 몇 시간씩 여러 번 일을 해 달라고 부탁하면서 초과수당을 지급하지 않는 것은 도리에 어긋난 처사입니다. 사장 쪽에서는 현대 사회에서 모든 사람에게 보장되어 있는 인권에 대하여 잘 알지 못하는 것 같습니다. 그래서 학생에게 피해를 주는 것이지요. 어른들이 알아서 선처(善處)해 주지 못할 때 젊은이들이 할 말을 하지 못하고 계속해서 손해를 감당하게 되면 어떤 결과가 뒤따를까요? 사장은 본의 아니게 학생의 인권을 유린하는 역할을 계속하게 될 것이고, 학생의 불만은 누적될 것입니다. 그리하여 그 분을 혐오하고 증오하며 더 나아가 세상 사람들을 불신하게 되고, 또 학생 자신을 자책하거나 혐오하게 될 수 있습니다. 그것은 또 학생 쪽에서 우리 사회에 불평등과 인권 유린의 처사가 지속되도록 묵인하는 행위이기도 합니다. 그러므로 우리 사회의 민주화를 위해서도 학생은 자기의사를 분명하게 표현해야 합니다.

"사장님, 사장님께서 일이 많을 때면 저도 도와 드리고 싶습니다. 하지만 저는 아르바이트를 하면서 공부를 해야 하는 형편이라 항상 시간이 부족합니다. 그래서 일주일에 한 시간 정도는, 제가 시간이 날 경우에 사장님을 도와 드릴 수도 있습니다. 그러나 제게 주어진 일 이외에 과외로 몇 시간씩 일을 해 드릴 시간은 없습니다. 이러한 저의 사정을 이해해 주세요. 앞으로는 제가 사장님의 부탁에 응해 드리지 못할 것 같습니다. 안 되겠어요."

학생쪽에서 만약에 시간적 여유가 있어서 사장의 부탁을 들어줄 수가 있다면 그때는 초과수당을 지급받도록 조처해야 합니다.

"그리고 제가 시간적 여유를 낼 수 있을 때는 사장님의 부탁을 들어 드릴 수 있다고 말씀드리겠습니다. 그러나 잘 아시다시피 저는 돈을 벌어서 공부하는 처지라 시간은 제게 황금처럼 소중합니다. 제가 일한 만큼 초과수당을 주셔야겠지요. 어느 정도의 초과수당을 주시려고 하는지를 미리 말씀해 주십시오. 제가 사장님이 제안하신 것에 대하여 좋게 생각하게 되면 과외의 일을 하는 문제에 동의하고, 기꺼이 도와 드리도록 하겠습니다."

다시 한 번 강조하겠지만 학생은 유교적 사상의 장점과 미덕은 수용하되, 단점과 오류는 과감하게 쇄신해야 합니다. 그런 의미에서 부드럽고 존경하는 태도로 어른들에게 자기주장하도록 하십시오. 먼저 자신의 인간적인 권리를 확실하게 인식하고 나서, 주장적 발언하기를 연습하고, 이어서 의연한 태도로 주장적으로 자기표현을 하시기 바랍니다.

# 사교적 장면에서
# 대화하기

나는 수줍고 내성적인 아이였다. 초등학교 2~3학년 때의 일이다. 수업시간에 책을 읽으라고 지명받으면, 나는 책을 잘 읽을 줄 알았지만 부끄러움 때문에 눈물을 글썽거릴 뿐 소리내어 책을 읽을 수가 없었다. 그런 내가 중·고등학교에 올라가서는 반장직이나 학생 대표 역을 수행해야 했다. 나의 스트레스와 고통은 이만저만이 아니었다.

나처럼 사람들을 두려워하고 수줍음이 많은 이들은 내면에 상처받은 어린 아이가 존재한다. 사람들을 좋아하는 나는 그들에게 가까이 갔다가도 자기만의 조개껍질 속으로 얼른 들어가 숨고, 사람들을 배척하는 식으로 살아왔다. 세상 사람들에게서 또다시 상처받을까 봐 두려워 무의식적으로 방어진을 치는 그런 방식은 얼마 전까지도 남아 있었다.

그러나 30년 이상을 줄곧 대학교수로 복직한 덕택에 어린 시절의 대인공포증은 극복되었다. 그리고 언제부터인지 사람들을 대할 때 편안하고 자연스럽게 대할 수 있게 되었다. 사람들을 만날 때 나는 그들이 나와 다른 인간이 아니라 본질적으로 동일하다는 생각을 가지고 호의적으로 대한다. 또 내 자신에 대한 의식도 잊고, 다만 열린 마음으로 대화한다. 택시나 고속버스나 장거리 비행기 안에서도, 국제회의 장소에서도 나는 있는 그대로의 모습으로 옆 좌석의 사람에게 자기 공개를 조금 하고 개방형 질문을 두어 마디 던질 뿐이다. 그런데 별것도 아닌 것 같은 이런 대화 방법이 마술 같은 효력을 발휘하는 것을 나는 일생 내내 경험하고 살아 왔다.

"어디 가시는 길입니까?" "이번 여행(세미나)에서는 어떤 걸 기대하십니까?" 등과 같은 질문을 하고 맞장구를 쳐 주면, 시간 가는 줄 모르게 대화는 이어진다. 그 결과 나는 좋은 사람들을 많이 만나고 좋은 친구를 쉽게 사귀며, 질적으로 충만한 시간을 향유하는 복을 누리게 되었다. 그렇게 인덕(人德)이 많은 것을 하느님께 감사드릴 뿐이다. 그러나 한 가지 분명한 것은 내가 자연스럽게, 그리고 상대방을 순수하게 대해 주면 그들은 즐거워했고 나에 대하여 아주 특별한 느낌과 존경을 보여 준다는 점이다. 그래서 나는 세월이 갈수록 더욱 행복하고 감사할 뿐이다.

그렇다고 해서 내 성격이 외향적으로 변한 것은 결코 아니다. 당신 역시 이 책에 소개된 기법에 숙달되면 나보다 더 충만하고 아름다운 만남의 시간들을 누릴 수 있을 것이다.

이 장에서는 사람들과 어울리게 되는 다양한 장면에서 요구되는 의사소통의 기술에 대하여 소개하였다.

구체적으로는 생소한 상황에서 낯선 사람들에게 말을 걸고 대화를 하는 요령, 데이트 신청하기와 거절하기, 성적인 유혹과 희롱에 대처하는 기술, 외국인에 대한 예절과 해외 이민생활 중 취업과 관련하여 자기주장하는 요령을 다루었다.

# 1

## 사교적 대화

여기에서는 특별히 소극적이고 수줍음을 타는 사람들이 사교성을 개발하는 기술에 대하여 소개한다.

### 새로운 사람을 사귀기

새로운 사람을 사귀기 위하여 낯선 사람에게 다가가서 말을 걸기보다는 당신이 아는 사람들에게 먼저 연락을 취하는 것이 좋다. 그리고 그 사람을 초대할 때 그의 친구들도 함께 오라고 하면 된다. 예를 들면, 외식을 하러 간다든지 영화를 보거나 운동경기를 관전하러 갈 때 친구에게 전화하여 한두 사람과 같이 오도록 부탁하는 것이다. 또 하나의 방법은 교회나 사찰 등의 집회나 학교 수업이나 동아리 활동에 참가하여 그곳에 모인 사람들과 대화를 나누는 것이다. 당신이 흥미를 느끼는 분야의 동호회에 가입하는 것도 한 가지 방법이다. 동호회에 모인 사람들은 취미와 관심이 비숫하기 때문에 화제를 나누기가 쉽다.

가령, 교회나 동아리 모임의 장소에 가서 당신이 호감을 느끼는 사람이나 비교적 부담을 느끼지 않는 사람에게 다가가서 말을 걸도록 한다. 그 사람이 무슨 일에 열중해 있을 때는 방해하지 않고 기다린 다음에 적당한 때를 맞추어 말을 걸도록 한다. 이때 당신의 첫인상에 신경을 쓰도록 한다. 굳이 정장으로 차려 입을 필요는 없으나 깔끔하고 산뜻한 인상을 풍기도록 신경을 써야 한다. 표정도 부드럽고, 말씨는 친절하고, 자세도 편안하며, 상대방에게 관심을 보이는 태도가 좋다. 상대방과 이야기하면서 가끔씩 눈을 지그시 쳐다보고 미소를 짓게 되면 "나는 당신을 좋아합니다." 또는 "당신과 이야기하는 것이 즐겁습니다."라는 의미로 상대방에게 전달된다.

긍정적인 신체언어가 중요하다. 그러므로 자신감 있고 의젓하게 보이도록 하라. 고개를 수그리지 말고 똑바로 들고, 두 손은 안정감 있게 처리하며, 이야기할 때는 또렷하게 말하도록 한다. 불안감이 엄습하거나 갑자기 겸연쩍은 느낌이 들 때는 이완감을 느끼기 위해서 가끔씩 심호흡을 하는 것도 좋다.


## 말문을 열기

어떤 사람에게 말을 걸려고 할 때는 잠시 멈추어 선 다음에 그 사람에게 주목하고 나서 말문을 연다. 처음에 말문을 열 때 굳이 해박한 지식이나 유머가 담긴 말로 시작할 필요는 없다. 다만 이야기를 시작하는 데 적절한 단서만 제공하면 된다.


- 초면에 적절한 인사말을 건네도록 하라. 당신이 객지의 낯선
  장소에서 열리는 세미나(학회, ○○대회)에 참석하게 되었다
  고 하자. 이때 생면부지의 옆사람과 몇 시간은 동석해야 할
  경우가 있다. 한국 사람은 자기를 스스로 소개하는 일에 익
  숙하지 못하다. 그러나 이런 경우는 내가 먼저 자신을 소개
  하는 것이 피차간에 어색한 긴장감을 줄여 준다.

  "저를 소개하겠습니다. 저는 ○○에서 온 아무개라고 하는
  데요. 이 세미나에는 처음으로 참석했습니다." 그러고는 상
  대방에게 자신을 소개할 기회를 준다.

  이어서 "혹시 이 세미나에 여러 번 오셨습니까?" "이 도시는
  제가 처음 와 보거든요. 이곳을 잘 아시나요?" "동료들과 같
  이 오셨습니까?"라고 질문할 수 있다. 초면에 나누는 인사말
  은 대략 다음과 같다.

  "실례합니다. 혹시 그 전에 한번 뵌 적이 있었던가요?"

  "이곳에 처음으로 오셨습니까?"

  "초면이시죠? 저는 ○○라고 합니다."

  "오늘은 비가 오네요. 혹시 비 오는 날을 좋아하시나요?"

  가령 당신이 부산행 고속버스를 탔는데 옆 좌석에 앉은 사
  람에게 말을 걸어 보려고 한다. 이때는 두 사람이 부산에 가
  고 있는 것은 기정사실임에도 불구하고 "부산에 가십니까?"

라고 질문할 수 있다. 그리고 "부산에는 자주 가시나요?" "저는 부산에 몇 번 가 본 적이 있지만 부산의 지리는 잘 모르거든요. 맛 좋은 해물요리를 먹으려면 어느 곳이 좋을까요?"라고 덧붙일 수 있다.

- 상대방을 관찰한 다음에 관찰한 것과 관련하여 질문한다. 가령 상대방이 책을 읽고 있다면 "무슨 책을 읽고 계십니까?"라고 질문할 수 있다. 악기를 들고 있다면 "악기를 연주하세요?"라고 물어본다.
- 무엇인가를 제공함으로써 말문을 열도록 한다.

  "커피 한 잔 드시겠어요?"

  "제가 좀 도와 드릴까요?"
- 상대방의 외양이나 행동을 칭찬하는 것으로 대화를 시작한다.

말문 열기

사교적 장면에서 대화하기

"당신 티셔츠가 참 맘에 드네요."

"당신은 참 친절하시군요."

"반지가 아름답습니다. 결혼반지인가요?"

- 특별히 말주변이 없는 사람은 독특한 물건을 들고 다니는 것도 사람들의 관심을 끌 수 있는 요령에 속한다. 예를 들면, 히틀러의『나의 투쟁』이나『사랑은 바람을 타고』『인간의 성행위에 대한 모든 것』과 같은 책을 들고 있는 것이다. 그리고 그에 대해서 한두 마디 정도로 대답할 내용을 준비해 두도록 한다. 또 스케치북, 기타와 같은 악기, 강아지, 색다른 복장을 착용할 수도 있다.

- 상대방이 하는 업무와 관련해서 당신과 그가 공통으로 경험할수 있는 소재를 언급하도록 한다. 가령 어쩌다 한 번씩 마주치는 사람에게 "참, 우리가 (생물학) 수업을 같이 받고 있지요? 지난번에 교수님께서 내주신 과제에 대해서 이야기 좀 해 주실래요?"라고 말을 걸 수 있다. "선생님은 회계사이시지요? 세금을 자진납부하는 기간이 있다고 들었는데 혹시 자진납부 방법을 잠깐 가르쳐 주실 수 있나요? 언제 짬을 내주실 수 있을까요?"

- 어떤 활동에 참여하기를 제의한다. "얘, 우리하고 같이 ……하지 않겠니?" "나는 도서관에서 공부하다가 30분씩 바람을 쏘이러 나가는 것을 일과로 삼고 있습니다. 쉬고 싶으면 나하고 같이 산책가지 않을래요?"

- 말문을 열고 난 다음에는 자연스럽게 이야기를 이어나갈 수 있도록 두세 마디를 더 준비한다. 일단 말문을 열기 위하여 상대방에게 한 가지 질문을 던졌는데 상대방이 간단하게 대답하고 나서 두 사람 사이에 대화가 끊겼다. 그리고 어색한 침묵이 뒤따른다. 당신은 이런 경우에 어떻게 대화를 이어나가야 할지 알 수 없어서 전전긍긍할 수 있다. 이런 때를 대비하여 미리 두세 마디의 이야기를 더 준비하는 것이 좋다. 가령 "오늘은 비가 오네요. 혹시 비 오는 날을 좋아하시나요?"라고 당신이 질문하자 상대방이 "아니요."라고 대답하고 화제가 끊겼다고 하자. 그럴 때는 "비 오는 날에는 채소장사가 돈을 벌 수 없을 거예요."라든지 "혹시 집이 먼 가요? 우산은 가지고 오셨나요?"라고 덧붙이도록 한다. 만약에 아파트의 엘리베이터 안에서 같은 동에 사는 주민과 함께 동승한 경우는 "저는 6층에 삽니다. 몇 층에 사시죠?"라고 말문을 열고, 이어서 "선생님 사시는 곳에서 바라보는 전망은 어때요?"라든지 "엘리베이터가 상당히 낡았죠? 속도가 느리지 않나요?"라고 덧붙일 수 있다.

## 대화를 계속하기

어떤 사람과 만나서 이야기를 주고받는 가운데 공통 화제를 발견하거나 서로 대화가 통한다고 느끼게 되면 이제는 좀 더 발전된 관계로 대화를 이끌어 나갈 수 있다.

- 상대방에게 질문하고(개방형 질문) 관심을 보여 준다.

  "어떻게 그 일을 시작했어요?" "참 재미있네요."

  "선생님은 그런 발상을 어디에서 구하셨어요?"

  "저라면 상상도 못할 일을 하셨군요."

- 당신 자신에 대해서 여러 가지로 이야기를 들려준다. 당신이 무엇을 좋아하는지, 또 고향이 어딘지, 무슨 일을 하고 있는 지에 대하여 개인적인 정보를 제공해 준다. 예를 들면, 당신 은 어느 교회의 성가대 대원인데 대원 중 어떤 사람에게 호 감을 갖게 되었다고 하자. 그럴 때는 다음과 같이 자기표현 을 함으로써 상대방에게 대화거리를 제공할 수 있다. "선생 님은 노래를 좋아하시죠? 혹시 성악을 전공하셨나요? 저는 성악 전공은 아니지만 중·고등학교 시절에 합창단원이었어 요. 그리고 클래식뿐만 아니라 팝송이나 재즈도 좋아해요. 우리 집안은 모두 음악을 좋아하거든요. 내 남동생은 아메리 칸 컨트리송을 좋아해요."

- 대화의 흐름이 차단되면 다른 대화의 주제를 암시한다. 날씨 나 스포츠, 연예계 소식, 뉴스와 같은 상투적인 화제를 가지 고 이야기를 하다 보면 2~3분 후에 대화가 중단될 수 있다. 그러고 나서 적당한 대화의 소재를 찾지 못하여 어색한 긴 장감을 느끼는 수가 있다. 이때 어색함을 처리할 수 있는 방 법에는 두 가지가 있다. 첫째, 얼마 전에 나눈 대화의 주제로 돌아가는 것이다. "그래요. 조금 전에 우리가 남북교류의 문

제에 대해서 이야기했는데 제 생각에는……." 둘째, 자연스럽게 새로운 주제로 대화를 이끌어 간다. "저어, 머리 무거운 정치 이야기, 대통령 이야기는 그만하기로 해요. 제 친구가 의사인데요. 요즈음 남자들도 성형 붐이 일고 있다고 하는데 (다른 주제) 그것에 대해서는 어떻게 생각하세요?"

## 대화를 종결하기

사교적인 자리에서 대화를 끝내야겠다고 생각될 때는 다음과 같이 말한다.

- 작별인사를 한다. "제가 지금 일이 있어 가 봐야 되겠습니다. 만나 뵙게 되어 반가웠습니다. 기회 있는 대로 종종 만날 수 있었으면 좋겠습니다. (우리, 또 만나자)"
- 만나서 나눈 대화의 내용을 요약한다. 이것은 대개 업무적인 성격을 띠기도 한다. "에, 우리가 ~에 대한 이야기를 했었지요? 그리고 다음 토요일에 만나는 거 맞죠?"
- 신체언어로 작별을 암시한다. 당신이 상대방과 대화를 끝내고 싶을 때는 일어서서 당신의 시계를 보고 (눈을 마주치지 않고) 악수를 나눌 자세를 한다.
- 사교적 장소에서는 당신이 들고 있던 술잔을 치우러 가거나 상대방을 다른 사람에게 소개해 줌으로써 두 사람이 대화하도록 조처하고 난 다음에 그 자리를 뜨도록 한다.

사교적 장면에서 대화하기

# 2
## 데이트 신청하기

내향적이고 수줍음이 많은 사람에게 데이트를 신청하는 일은 매우 불안을 느끼게 하는 상황일 수 있다. 맨 처음에 데이트를 신청할 때는 자기가 할 말을 글로 써 보고 거울 앞에서 자신 있는 목소리로 연습을 해 보도록 한다. 상대방이 '네'라고 대답할 때는 어떻게 반응할지, 그리고 상대방이 '아니요'라고 대답할 때는 어떻게 대답할지를 준비하도록 한다.

관습적으로는 남자가 여자에게 데이트를 신청하는 것으로 알고 있지만 요즘은 여성이 남성에게 먼저 데이트를 신청하는 것도 보편화된 추세다. 누군가와 데이트하러 나간다는 것이 경우에 따라서는 일종의 모험이 될 수도 있다. 아주 드문 일이지만 운이 나쁘면 한적한 곳에 두 사람이 데이트를 하는 것을 불량배가 방해할 수도 있고 또 사고를 당할 수도 있다. 최악의 경우를 미리 헤아려 보고 그런 일이 발생한다면 어떻게 대처할까를 생각해 보는 것도 필요하다. 그러니까 첫 데이트는 비교적 안전한 곳에서 시간을 보내도록 계획하는 것이 좋다.

- 맨 처음에 호감을 느끼는 상대에게 데이트를 신청할 때는 부담감을 주지 않는 방법으로 신청하는 것이 좋다.

  "우리 함께 커피 한 잔할까요?"

  "도서관에서 오후에 함께 공부할까요?"

  "한 시간 정도 같이 산책할까요?"

- 어떤 행사(영화 관람, 콘서트 관람)의 일정을 알아 두고 나서 전화로 행사에 같이 가자고 제의한다. 단둘이서만 만나더라도 행사나 이벤트에 참석하게 되면 더 많은 대화의 소재를 나눌 수 있다. 상대방이 '예'라고 하면 만날 날짜와 장소를 약속한다. 당신의 데이트 신청에 상대방이 '아니요'라고 대답

분명하게 알아보기와 솔직하게 대답하기

사교적 장면에서 대화하기

하면 그쪽에서 당신에게 관심이 없기 때문인지, 아니면 너무 바쁘기 때문인지를 확인해 본다. 그것은 상대방에게 또 다른 활동(예: 운동시합의 관전)을 다른 시간에 함께할 수 있는지를 물어봄으로써 확인할 수 있다. 이때 상대방이 '아니요'라고 대답하면 당신이 상대방에게서 거절당한 것에 대한 수치심과 당혹스러움을 느낄 수 있는데 당신이 거부당했다고 성급하게 단정하지 말고 서너 번 상대방의 의사를 더 확인해 보는 것이 좋다. 상대가 거절의 말을 할 때 여운을 남기지 않으면 가능성이 없는 것으로 간주하도록 하라. 그리고 상대방이 당신에게 관심이 없는 것이 확실하게 나타나면 이렇게 말하는 것이 좋다. "○○ 씨가 나하고 같이 시간을 보내고 싶지 않다는 느낌이 드는군요. 저로서는 몹시 실망스럽지만 그러나 억지로 강요하지는 않겠습니다. 내가 ○○ 씨의 마음을 정확하게 읽었나요?" 그리고 데이트 관계가 아니라 부담 없는 우정관계를 통하여 자연스럽게 다음에 만날 수 있도록 조처할 수 있다. 이때 상대방에게 자기와 만나 주지 않는 이유를 기어코 밝혀 달라고 강요하지 않는 것이 바람직한 매너다.

소극적인 사람들은 데이트 신청을 거절하는 데 어려움을 겪는 경우가 많다. 그리하여 쓸데없는 거짓말을 하기도 한다. 데이트 전화를 동생이 받게 되면 "얘, 언니 지금 없다고 해라."라고 지시한다든지 "제가 무슨 일이 있는데요."라고 말하는 경우가 있다. 이런 말을 상대방이 곧이들을 경우에 상대방은 다음번에 데이트를 또 신청하려고 할 것이다. 그리하여 상대방이 부질없는 기대로 기다리는 결과를 초래한다. 비록 선의의 거짓말이기는 하지만 엄격한 의미에서 상대방을 속이는 것이다. 그리고 그에 대해 인격적인 대우를 해 주는 적절한 처사가 아니다. 자기에게 사귀고 있는 사람이 있거나 또는 다른 이유가 있으면 그것을 확실히 말해 주는 것이 좋다. 그러나 데이트를 거절하는 이유에 대해서 반드시 설명해 줄 필요는 없다. 다만 "저는 그럴 마음이 내키지 않아요."라고 말할 수 있다.

사교적 장면에서 대화하기

# 3

## 성적 유혹과 성폭력에 대처하기

　최근 들어 우리나라의 초·중·고등학교와 공중매체는 성폭력과 성희롱에 대한 교육을 비교적 활발하게 실시하고 있다. 이와 관련하여 여성의 전화, 성의 전화, 성폭력예방센터, 아동학대예방센터 등에서도 체계적인 성교육 활동과 성 상담의 기회를 제공하고 있다.

　여기에서는 직장에서 성희롱과 성적 유혹에 대처하기, 데이트나 성폭력 상황에서 주장적으로 맞서기, 청소년들에게 성폭력에 대응하는 기술을 가르쳐 주기에 관하여 개략적으로 다룬다.

### 직장에서의 성희롱과 성적 유혹에 대처하기

　먼저 성폭력과 대비하여 성희롱이란 무엇인가를 살펴보자. 성폭력은 가해자가 상대방의 동의 없이 피해자에게 강제적으로 성적인 접촉을 하여 신체적·심리적인 손상을 심각하게 끼치는 행위다. 이에 비하여 성희롱이란 상대방의 동의 없이 저속한 말과 신체언어로 피해자에게 모멸감을 느끼게 하거나 상대방의 신체 부위를 만짐으로써 인격적으로도 피해를 주는 행위라고 할 수 있다.

회사에서 차를 마시는 시간에 H라는 남자 직원이 여직원의 엉덩이를 토닥거리면서 "야, 미스 최, 엉덩이가 너무 야들야들하다."라고 한다든지, 눈으로 윙크하고 입술로 뽀뽀하는 흉내를 내며 "미스 최, 나를 봐요. 미스 최 입술이 참 도톰하군요."라고 말한다고 하자. 미스 최는 당황하며 언짢은 표정으로 그 자리를 떠났다. 그런데 미스 최가 불쾌한 표정으로 자기의 모멸감을 표시한 것을 H직원은 제대로 감지했을까? 아마도 그렇지 않을 것이다. H직원은 미스 최나 다른 여사원에게도 그와 비슷한 행위를 계속할 가능성이 높다. 그러므로 H직원의 성희롱에 맞서서 그가 저속한 언동을 중단하도록 미스 최는 단호하게 말해야 한다. 필요한 경우는 다음과 같은 말을 순차적으로 하도록 한다.


"H씨, 자기 마음대로 내 몸에 손을 대면 안 됩니다. H씨는 그저 호의적으로 손대셨을지 모르는데 저는 몹시 불쾌해요. 저에게 사과하세요."

"H씨, 다음번에는 절대로 그런 행동하지 마세요. 제가 H씨를 평소에 인격자로 보고 있는데 그런 행동은 성희롱이에요. 알고 계시죠?"

"H씨, 장난이 너무 심하세요. 지난번에도 제가 H씨의 제스처는 분명히 성희롱에 해당된다고 말씀드렸잖아요. 잊어버리셨어요? 앞으로 또 그렇게 사람을 당황하게 하면 인사부장님께 그 사실을 말씀드릴 거예요. 경고조처를 받지 않아야 되겠지요?"

자기 인생에서 많은 시간을 함께 지내며 대화하게 되는 사람들이 같은 회사의 동료들이다. 업무적인 관계로 만났지만 자주 접촉하다 보면 동료의 개인적 세계를 알게 되고 친밀감은 우정을 넘어 연애 감정으로 발전한다. 이때 문제가 되는 것은 기혼자 동료와의 연애와 성관계다. 상사(기혼자)가 부하 직원(대개는 여성)에게 친밀해지기를 원할 때 부하 직원은 그의 요청을 거절하지 못하는 경우가 있다. 이성으로서 감정적으로 이끌리는 상태가 아니지만 상사의 요구를 거절함으로써 받게 될지도 모르는 직업상의 불이익이 두려워서 응하는 수가 있다.

그러나 여성 직장인들은 기혼자와의 사내 연애가 자신의 직업(진로)에 미칠 영향력을 먼저 심사숙고해야 한다. 연애관계는 일시적이지만 직장은 오래도록 다녀야 할 곳이다. 남자들에게 외도는 일시적일 뿐이고 고통받는 쪽은 여성이다. 상사와의 비밀스러운 관계는 업무에 지장을 줄 수 있다. 그리고 연애관계가 끝난 다음에 상사와의 접촉에서 미묘한 갈등을 겪게 될 가능성이 높다. 그렇게 되면 제아무리 유능한 여직원이라 할지라도 그 직장을 떠나지 않을 수 없는 처지로 전락할 가능성이 매우 높다. 결국 심리적으로, 직업적으로 피해를 보는 쪽은 여자다. 상사에게서 성적인 유혹을 받을 때 비껴가는 방법은 다음과 같다.

- 맨 처음에 유혹을 받으면 사무적인 태도로 응하도록 한다. 상사가 로맨틱한 이야기를 하면 화제를 사업적인 내용으로 돌리도록 하라.
- 두 번째 유혹을 받게 되면 유머로 대처하도록 한다. "절 그렇게 좋아하신다니 제가 우쭐해지는데요. 사장(팀장)님은 모든 여자에게 다 그러시죠?" "팀장님은 로맨틱한 표현을 참 잘하시네요. 사모님께서 행복하시겠어요. 오늘 저녁에 사모님께 들려드릴 말씀을 저에게 한번 연습해 본 것으로 알게요."
- 서너 번 유혹을 받게 되면 부드러운 자기주장을 한다. "팀장님, 우리가 업무 이외의 관계에서는 그냥 좋은 친구 사이로 지내기를 바랍니다. 저는 그렇게 생각해요. 사적인 감정은 더 이상 이야기하지 않는 게 좋겠습니다." "저는 사장님을 다만 존경할 뿐이에요. 저는 사모님도 몹시 존경하거든요. 사모님과 저 사이의 우정을 생각해서 그런 말씀은 절대로 하지 마세요."
- 여전히 유혹을 받게 되면 강하게 자기주장한다. "이 직장은 제 목숨과 같은 곳이라 저에게 아주 중요해요. 사내 연애로 제 직업에 피해를 받고 싶은 마음이 추호도 없습니다. 요즈음 팀장님이 계속 저를 괴롭히시는데 그 이상은 안 될 것 같

사교적 장면에서 대화하기

습니다. 상부에 보고할까 고려하고 있습니다. 인사부에 알려야 할까요? 어떻게 하시겠어요? 저를 다만 직원으로 대해 주시기를 마지막으로 부탁드립니다. 이건 경고입니다."

## 성폭력과 데이트 강간

예기치 않은 상황에서 일어날지도 모르는 성폭력의 위험에 지혜롭게 대응하는 전략을 간단하게 소개하면 다음과 같다.

- 성폭력의 가능성이 보이는 상황에 처하게 될 때는 그 위험성을 알아차리는 것이 중요하다.
- 자기가 만난 가해자가 어떤 유형의 인물인지를 파악하도록 한다.
- 가해자의 공격에 대항하여 자기가 조처할 수 있는 일이 무엇인지를 결정하고 곧바로 실행하도록 한다.

학자들은 여성을 강간하는 범법자들을 네 가지의 유형으로 분류하고 있다.

### ① 착취형

이들은 성적 대상자를 찾아다니는 '배회자'로서 성적 충동을 약탈적 행위로 만족시키는 유형이다. 강간범 중에 가장 많은 숫자가 착취형이다. 이들은 파티나 술집에서 술을 마신 후에 새로 알게 된 여자에게 '바람이나 쐬자.'고 유인하는 경우가 많고 어둡고 한적한 밤거리에서 여자를 발견할 때 강간 동기가 발동하기도 한다. '데이트 강간'도 이 범주에 속한다. 이들은 성폭력이 범죄행위라는 인식이 없으며 피해자의 고통에 대하여 신경 쓰지 않는다.

② 보상형

이들은 음란전화, 성기 노출, 관음증 등으로 변태적인 환상을 하다가 성적 흥분을 통제할 수 없을 때 피해자를 강간하는 경우가 많다.

③ 분노형

이들은 여성혐오자로서 강간을 통하여 자기가 가지고 있는 여성에 대한 분노를 표출한다.

④ 사디스트(성적 공격)형

이들은 성적 흥분이 증가하면서 공격적 감정도 증가하며 피해자의 신체(특히 젖가슴, 항문, 엉덩이, 입, 성기)에 잔인하게 폭력을 휘두르기도 한다.

이들 네 가지 가해자의 유형에 따라 대응 전략이 다를 수 있지만 위급한 상황에서 네 가지 유형을 식별할 수 있는 안목과 심리적 여유가 있는 피해자는 많지 않을 것이다. 어떠한 상황에서든 피해자가 맨 먼저 조처할 것은 그 상황에서 소리 지르며 도망치고 안전한 장소와 사람들의 협조를 구하는 것이다. 또 불가피하게 신체적으로 저항해야 할 때는 가능한 모든 수단(눈, 사타구니 공격 등)을 동원해야 한다.

피해자가 쉽게 도망갈 수 없는 형편에 놓여 있을 때는 가해자의 범행을 관찰한 다음에 대응한다. 가해자가 흉기를 소지하지 않았고 기괴한(변태적인) 언행을 보이지 않을 경우는 대개가 착취형 강간범이므로 말로 대결해야 한다. 피해자가 겁내지 않고 큰 소리로 "뭐라고? 여기서? 지금?" "그러지 말고 잠시 앉아서 이야기나 합시다."라고 말하도록 한다. 이것은 순간적으로 강간범을 방심하게 하는 효과가 있어서 도망갈 방도를 궁리할 시간을 벌게 해 준다.

가해자가 공격이나 폭력을 점점 강하게 보이는 경우는 분노형이나 사디스트일 경우가 많다. 이때 피해자가 저항하게 되면 가해자의 폭력적 환상을 상승시킬 위험이 있다. 이들에게는 욕설이나 고함 또는 도발적인 단어를 사용하지 않도록 신경을 써야 한다. 그러므로 최선의 전략은 가해자와 이야기를 하여 그가 증오하는 대상은 자기가 아님을 확신시켜 주는 것이다.

"아저씨. 우리는 한 번도 만난 적이 없거든요. 아저씨는 어떤 여자에게 몹시 화가 나 있는 것 같군요. 그 여자를 미워하시는데 내가 그 여자는 아니지요."

"아저씨. 당신은 나를 만난 적도 없고 나를 모르고 계시지요. 내가 아주 나쁜 여자인지 아저씨가 어떻게 아세요? 나는 아주 좋은 사람이에요. 지금 곧 집에 돌아가야 돼요. 젖 먹는 아기가(유치원 아들이) 나를 기다리고 있거든요. 나는 착한 엄마(딸)예요."

연구 결과에 따르면 애원하는 것과 큰 소리로 우는 것은 오히려 강간을 더 부추기게 하는 효과가 있다고 한다.

데이트 강간은 왜 일어나는가? 많은 나라에서 데이트 신청과 구혼은 남성이 먼저 하고 여성은 수동적으로 받아들이는 것이라는 고정관념이 있다. 남녀 간에 서로 다른 성 역할을 배우는 과정에서 남자와 여자는 데이트와 성관계에 대하여 서로 다른 기대와 해석을 하기 때문에 데이트 강간이 일어날 수 있다. 예를 들어 보자.

E양과 P군이 두어 번 만나 식사하고 영화 관람을 한 적이 있다. P군이 주말에 등산을 가자고 한다. 두 사람은 김밥과 음료수를 챙겨 산에 올랐다. 한적한 바위 그늘에 앉아 이런저런 이야기를 하다가 P군이 E양에게 "우리 뽀뽀하자."라고 하였다. E양은 어색하게 미소 지으며 "싫어요."라고 말했다. P군은 E양의 "싫어요."를 "좋아요."로 받아들이고 E양의 미소를 '나는 그걸 기다리고 있어요.'로 해석하였다. 그러고는 성폭행을 하였다. E양은 별수 없이 당한 것이다. 여자들은 "등산 가자." "노래방 가서 놀자." "오늘밤에 한잔 하자."를 말 그대로의 뜻으로, 다시 말해서 비(非)성적인 활동을 제의하는 것으로 해석한다.

그런데 여자들이 그런 제의에 응하는 것을 남자들은 그 활동 다음에는 성적인 관계까지 수용할 자세가 되어 있다고 해석한다. 그리고 남성이 주도적으로 성적인 접촉까지 몰고 가는 것이 남자로서의 능력을 보여 주는 것이라고 믿는다. 남학생을 위한 성교육에서 이 문제는 분명히 짚고 넘어가야 한다. 여자들은 남자들에게서 등산, 노래방, 드라이브, 영화 관람의 제의를 받게 될 때 돌아오는 스케줄과 둘이서 할 일에 대하여 확실하게 사전 합의를 해야 한다. 그리고 예기치 않게 남자가 성폭력 내지 데이트 강간을 시도하려 할 때는 단호한 어조로 분명하게 자기주장을 해야 한다.

"P씨. 왜 이러세요? 내가 분명히 안 된다고 말했잖아요. 난 먼저 산을 내려갈 테니까 그리 아세요."
"이건 성폭력이고 범죄행위예요. 내가 당신을 고발하면 어떻게 되는 줄 아시죠? 오늘 우리는 등산만 하는 거예요."

## 청소년들에게 성폭력의 대응기술 가르치기
부모나 교사는 평소에 청소년들에게 성폭력의 위험에 대처하는 방안을 가르쳐 주어야 한다.

### ① 예방적인 성교육
어린이의 성폭행을 예방하기 위해 다음과 같은 교육이 필요하다.

• 아이들과 성폭행에 대한 이야기를 해야 한다. 어머니는 유아

옷 안의 네 몸은
중요한 부분이니까
다른 사람이 만지면
안 된다.
알았지?

유아에게 성교육 시키기

에게 속옷을 입은 인형을 보여 주면서 또는 실제로 아이가
내의를 입을 때 엄마의 말을 따라해 보라고 지시한다.

- 누군가가 갑자기 자기 몸에 손대며 불쾌하게 느껴지는 접촉
  을 할 때 단호하게 "안 돼요! 싫어요!"라고 말할 수 있도록 가
  르친다.
- 가해자가 "우리끼리만 아는 비밀이다. 아무에게도 얘기하지
  말아라." 또는 "말하면 죽여 버리겠다."라고 협박하면 "싫어
  요, 비밀로 하지 않을 거예요." 하고 말하라고 주의를 준다.
- 아이에게 "엄마는 너에게 어떤 어려움이 생겨도 끝까지 보호
  해 줄 거야. 무슨 일이 생기면 부끄러워하거나 무서워하지

사교적 장면에서 대화하기

말고 곧장 엄마에게 얘기해라."라고 일러 준다.

② 위기 상황에서의 방어적 기술을 가르쳐 준다

가해자의 얼굴을 노려보며 "안 돼요."라고 큰 소리로 외치고, "불이야!" "사람 살려!"라고 외치면서 재빨리 도망가라고 일러 준다. 그리고 어쩔 수 없이 성폭력의 위험이 있을 때는 가능하면 가해자의 급소(고환, 눈)를 치라고 말해 준다.

③ 성폭력 가해자가 더 이상 성폭력 행위를 할 마음이 없어지도록 할 수 있는 말이나 행동을 하도록 가르친다

- "당신이 지금 하는 행위는 성폭력입니다."
- "당신이 지금 하는 행위는 어린 나의 인생을 송두리째 파괴하는 행위입니다."
- "당신이 나를 괴롭힌다면 나는 죽어서도 당신에게 원한을 품을 것입니다."
- "당신은 당신의 동생(또는 아내나 딸 등)이 내가 당하는 것과 똑같이 성폭행을 당한다면 어떻게 하겠습니까?"
- "당신이 나에게 계속 이러면 천벌을 받을 겁니다."
- "당신은 지금 짐승보다 더 나쁜 짓을 하고 있습니다."

그리고 청소년 자신의 집 안에서 성폭력의 위험이 가해자에게서 나타나면 어른이나 손님이 곧 오실 시간임을 믿도록 하거나, 또 대

소변 등의 긴급한 용무를 끊임없이 호소하게 한다. 또 임질이나 매독 등의 성병이나 에이즈 감염자인 것처럼 위장하라고 한다.

④ 청소년이 성폭력 피해를 당한 것 같은 느낌이 들 때는 부모나
교사에게 안심하고 피해 사실을 말할 수 있도록 지도한다

"애야. 요즈음 네가 말이 없고 고민이 많아 보인다. 엄마가 도와줄 게 없니? 엄마 아빠는 항상 네가 가장 힘들고 어려울 때 네 편이란다. 안심하고 이야기해 봐라."

"만약에 무슨 큰일이 생겼다면 그건 네 책임이 아니란다. 엄마와 같이 논의하면 좋은 해결책이 나올 수 있단다."

안심하고 고백하게 유도하기

사교적 장면에서 대화하기

"지금 당장 얘기하고 싶지 않으면 나중에 얘기해도 좋아."

"우리가 아무 병이 없어도 병에 걸리지 않도록 예방주사를 맞지 않니? 그런 것처럼 네가 지금은 별일이 없는 것 같지만 의사 선생님한테 한번 가서 보이는 것이 좋단다. 우리 함께 병원에 가 보도록 하자."

# ’ 4

## 국제사회에서의
## 자기표현

점점 많은 사람이 해외여행을 즐기고 있다. 그런데 국제 예절에 대한 상식은 어느 정도 알고 있어도 정작 외국에 나가서는 그 습관에 익숙하지 않아 본의 아니게 실수하는 경우가 종종 있다. 외국에 나가면 그 나라의 법규와 관습과 문화를 이해하고 따라야 한다.

예를 들면, 이슬람 문화권에서는 음주, 도박, 가무 등이 허용되지 않는다. 이것을 철저히 지켜야 한다. 문화적인 차이를 이해하기 위해서는 여행하기 전에 미리 여행국에 대한 책자를 구입하여 기본 상식을 숙지하는 것이 좋다. 그 나라에 가서는 그 나라 언어로 간단한 인사말('안녕하십니까?' '감사합니다.' '안녕히 계십시오.' '참 좋습니다.' '예쁩니다.')을 익혀 사용하면 호의적인 교류가 쉽게 이루어진다.

## 외국인과 교류할 때 유의 사항

국내외에서 외국인들과 관계를 가질 때 유념할 사항을 대강 소개하면 다음과 같다.

- 외국인과 대화를 나누면서 일상적인 이야기를 주고받는 과정에 ① 나이, ② 결혼 여부, ③ 수입에 대한 질문은 하지 않는 것이 예의다. 그런 사항은 사생활에 관한 것이기 때문이다.

- 서양인들은 대화할 때 눈을 응시하고 자신의 소견을 솔직하게 말하는 것이 예의다. 그러나 아프리카인, 아시아인, 아메리칸 인디언들은 눈을 정면으로 응시하는 것에 익숙하지 못하며 자기 의사를 간접적으로 표현하는 경우가 있다. 예를 들면, 당신이 "식사를 좀 더 하시겠습니까?"라고 권유했다고 하자. 이때 '아니요(No. Thank you).'라는 대답을 한 서양인에게는 그 뜻을 그대로 존중하여 더 이상 음식을 주지 않아야 한다. 그러나 필리핀인이라면 다시 한 번 더 권유해서 그 사람의 진의를 확인하는 것이 좋다.

- 평소에 '감사합니다(Thank you).'와 '실례합니다(Excuse me).'가 곧바로 튀어나오도록 일상화되어야 한다. 그러나 '미안합니다(I am sorry).'는 그렇게 느낄 때, 즉 자신의 과오가 인정될 때만 사용해야 한다.

- 다른 나라에 도착하여 입국 수속을 할 때 유념할 점은 비록 그 나라의 언어가 서투르더라도 표정과 동작으로 상대방에

처음
뵙겠습니다.

애들아. 이분은
마이클 존슨 씨야.
서로 인사하거라w.

존슨 씨.
이분들은 제 친구 김영수이고,
이수현이에요.

**외국인과 인사 나누기**

게 세련된 인사를 보내야 한다는 것이다. 입국 절차에 필요
한 사항을 미리 영어로 기재하여 여권과 함께 제시하는 것
도 한 가지 요령이다. 그리고 입국 절차를 마치면서 "Thank
you." 또는 "Bye."라고 인사할 수 있다. 서양인들은 대개 업
무를 처리할 때도 사무적인 태도보다는 명랑한 기분과 가벼
운 유머로 대하기를 선호한다. 그러므로 당신이 날씨 이야
기라든가 가벼운 유머를 나누는 것이 일을 기분 좋게 처리하
게 해 준다.

• 외국인과 대화, 토론, 식사하는 경우는 특별히 그 사람의 이름
을 부르면서 이야기하도록 한다. 그리고 다음 기회에 그를
만나게 될 때 그의 이름을 반드시 기억해서 불러 주는 것이

사교적 장면에서 대화하기

예의다. 특히 서양인은 자기 이름이 불리는 것을 중요하게 여긴다. 자기 이름은 자신의 고유성을 대표하기 때문이다.

- 한국인은 친근한 사이가 된 다음에도 일반적인 시사에 대한 이야기는 많이 나누지만 정작 자기 가족에 대한 이야기는 하지 않는 경향이 있다. 특별히 한국 남성들은 아내나 자식에 대한 자랑을 삼간다. 그러나 서양인들은 지갑에 어김없이 가족 사진을 휴대하고 기혼자는 결혼반지를 착용한다(결혼반지를 끼지 않으면 독신으로 오해할 수 있다). 따라서 외국인과 어느 정도 친밀해진 후에는 가족 이야기를 하도록 하라. 가족 사진은 자기를 알리는 좋은 자료이므로 이제부터 가족 사진을 휴대하여 외국인들에게 가족을 알리는 습관을 들이도록 하라.

- 국제 세미나, 학회, 토론, 모임 등에 참석할 경우는 자신을 적극적으로 알리도록 노력하라. 강의시간, 회의, 세미나 등에서 우리는 조용히 앉아 경청하는 것을 자연스럽게 여긴다. 그런데 서양인들 속에 당신이 소수민족으로 참석한 모임에서 조용하게 앉아 있으면 그들은 당신 존재에 대하여 심리적으로 불편함을 느낄 수 있다. 그러나 당신이 주도적으로 자기를 공개하게 되면 그들은 편안감을 느끼게 되고 당신을 자기 집단의 일원으로 곧바로 수용하게 된다. 자기소개를 하는 요령은 다음과 같다.

"저는 한국에서 온 아무개입니다. 여러분이 저의 한국 이름을 기억하기가 어려우실 테니까 저를 영어 이름으로 ○○라고 불러 주세요. 제 직업은 ××이고 제가 하는 일은 ~입니다. 이 모임에서 유독 저 혼자만이 동양인(한국인)이군요. 저에게 무엇이든지 질문해 주시면 기쁘게 대답해 드리겠습니다. 이렇게 이야기하고 나니까 제 마음도 편해지네요(여러분이 친구같이 느껴져 기분이 좋습니다)."

자기를 소개할 때 "저는 Mr. Kim(Mrs. Lee, Lawyer Park, Professor Hong, Dr. Park)입니다."라고 하는 사람들을 보게 된다. 그런데 서구 쪽에서 보면 이런 식의 자기소개는 자기 자신을 스스로 높이는 것이므로 매우 우스꽝스러운 것이다. 그러므로 단순히 성명만 말하라. 그리고 영희 씨, 영철 군을 Miss 영희나 Mr. 영철로 부르는 것도 잘못된 표현이다.

- 외국인과 어느 정도 대화가 통한다고 느껴질 때는 자기 성함(Mr. Choi) 대신에 자기의 이름(예: Yoojin)을 불러 달라고 부탁하는 것이 좋다. 나이나 지위의 고하에 관계없이 서로 이름을 부르면 막역한 친구처럼 친밀감이 느껴지기 때문이다.

- 외국인과 당신이 아는 사이인데 마침 당신 곁에 친구가 함께 있다고 하자. 이때 당신이 외국인에게 친구를 소개하지 않고 자기 혼자만 이야기를 주고받게 되면 외국인은 당신의 행동을 이상하게 생각하기 쉽다. 비록 당신 친구가 외국어에 서투르고, 또 그 외국인과 다시 만날 기회가 전혀 없는 상황이라 할지라도 당신은 두 사람을 서로 소개해 주어야 한다.

사교적 장면에서 대화하기

국제적 모임에서 자기소개하기

이것이 외국인이나 당신 친구에 대한 예우다.

- 외국인과 친밀한 관계가 이루어져서 집으로 초대를 받게 되는 경우가 있다. 이때 많은 한국인은 한국 정서가 배어 있는 도자기, 탈, 동양화, 인형 등을 선물로 들고 간다. 저자 역시 그중의 한 사람이었다. 그런데 그렇게 배려한 선물에 대하여 상대방은 매우 부담스러워하거나 자기 기호에 맞지 않아 몹시 혐오하는 수가 있다. 그리고 어떤 문화권에서는 처음 초대받을 때 빵을 사 가지고 가는 것이 예의로 간주되는 나라도 있다. 그러므로 외국 친구가 당신을 자기 집으로 초대할 경우는 무엇을 가지고 가야 되는가를 초대한 사람에게 직접

문의하는 것이 좋다. 그것이 곤란하면 친지나 당사자에게 당신네 나라에서는 처음 방문할 때 어떤 선물을 가지고 가는 것이 예의인지 알고 싶다고 말하면서 문의하도록 하라. 그리고 "내가 한국에서 가져온 도자기(또는 인형)가 있는데 당신이 좋아하느냐?"라고 문의한 다음에 선물하도록 하라. 서양에서 일반적으로 가장 무난한 선물은 꽃(또는 화분), 쿠키, 포도주 등이다.

- 외국인들과 사교적인 대화 끝에 인사말로 "언제 한번 우리 집에 놀러 오라."거나 "내가 한번 초대하겠다."라고 말하는 경우가 있을 것이다. 당신은 가볍게 지나가는 말로 했을지 모르나 외국 사람은 당신이 말한 것을 액면 그대로 수용한다. 그래서 당신이 자기를 불러 주기를 기다리게 된다. 그러므로 무심코 지나가는 말은 하지 말아야 하며, 일단 당신이 말한 것은 반드시 지켜야 한다. 이것은 신뢰와 관계된 문제다. 이와 같은 맥락에서 당신이 외국인의 대화 내용을 이해하지 못한 경우에는 고개를 끄덕이는 행동을 하지 않아야 한다.

- 인터넷을 통하여 외국인과 채팅을 할 때는 처음 인사말을 나누는 것처럼, 채팅을 마치는 순간에는 반드시 작별인사를 해야 한다. 한국인들은 작별인사도 없이 일방적으로 채팅을 끊어 버리는 수가 비일비재하여, 특히 서양인들이 불쾌하게 여기는 것으로 정평이 나 있다. 그리고 인터넷 채팅은 익명성이 보장되는 특징을 가지고 있어서 자기 신분에 대하여 거짓

말을 하는 사람이 있는데 이것은 국제 간의 신인도와 관련될 뿐만 아니라 비윤리적이므로 삼가야 한다.

## 문화의 차이로 인한 오해와 갈등

외국인들과 교제하고, 일하고, 같은 방을 쓰거나(roommate) 또는 결혼생활을 하게 될 때 특별히 유념할 사항은 문화적인 차이점의 이해와 조절이다. 유교적 문화와 다른 문화 간의 갈등을 몇 가지만 지적해 본다.

첫째, 우리 한국인은 상대방에 대한 배려와 존경심이 매우 높다. 그래서 웬만한 손해나 피해는 감수하고 참아 버린다. 그리고는 그 뒤에 격렬하게 화를 낸다.

예를 들어 보자. 같은 방을 세 들어 서양인과 함께 사용하는데, 나는 룸메이트(roommate)를 배려하여 그가 나와 함께 있는 시간에는 내 친구를 데려와 떠들고 놀지 않는다. 그런데 드문 상황이지만 어떤 서양인 룸메이트는 자기 애인을 데리고 와서 내 앞에서 거리낌 없이 애정행위를 한다. 또 두 사람이 격주로 방청소를 하기로 미리 약속했건만 룸메이트가 청소를 하지 않고 몇 달을 지내는 수도 있다. 당신 쪽에서 청소해 달라고 요구하지 않으면 외국인은 당신이 불만을 느끼고 화가 나 있다는 것을 전혀 이해하지 못한다. 그리고 당신이 참고 지낸 다음에 분노를 폭발하면서 요구적으로 말하게 되면 당신이 자기의 인격을 모독한다고 간주한다. 그리고 그는 왜 그때그때 말하지 않았느냐고 반문할 것이다.

이런 경우에는 그쪽에서 변화될 때까지 참고 기다려서는 절대로 안 되며, 화를 폭발해서도 안 된다. 당신은 조용하나 낮은 목소리로 그를 정면으로 응시하고서 간결하게 요구 사항을 말해야 한다. 다시 말해서 주장적인 자기표현을 해야 한다.

"이봐요, 존. 내가 있는 시간에 애인을 데려오면 안 된다고 했지요? 지금부터 당장 약속을 지키세요. 나가 주세요."

"당신이 벌써 세 번이나 방청소를 하지 않아서 내가 몹시 불편해요. 지금 약속하세요. 그리고 청소하는 날을 잊지 마세요. 내가 당신이 청소하는 날이 되면 환기(remind)시켜 줄까요?"

둘째, 한국인은 상대방을 존경하고 배려한 나머지, 상대방에게 해야 할 이야기가 있지만 사소한 사항은 생략하고 자기 쪽에서 알아서 임의적으로 행동하는 수가 있다. 가령 외국인과 같이 배낭여행 중이라고 하자. 그날따라 아침에 일찍 일어난 당신은 동료들이 아직 잠을 자고 있는 사이 미리 제과점에 가서 토스트를 사가지고 왔다. 그런데 그동안에 동료들은 실종된 당신을 찾느라고 야단법석을 떨었다. 당신 돈으로 토스트를 사가지고 온 당신을 고맙게 생각하기보다는 당신을 예측 불허의 행동을 하는 사람이고, 함께 생활하기가 몹시 불편하고, 믿을 수 없는 사람이라고 간주할 수 있다. 그러므로 외국인과 함께 어떤 일을 하거나 결혼생활을 하게 될 경우에는 미리 당신의 일정과 계획을 그때그때 상대방에게 반드시 알려 주어야 한다. 이것은 신뢰에 관계되는 문제다.

가령 당신이 국제결혼을 했다고 하자. 당신은 수요일 오후에 갑

사교적 장면에서 대화하기

자기 두부요리가 하고 싶어서 얼른 동네 가게에 들렀다가 20분 만에 돌아왔다. 이처럼 한국인은 대개 생각나는 대로 행동하고, 별 것 아니면 굳이 상대방에게 알리지 않는 행동을 하는 특성이 있다. 그러나 외국인 배우자는 그러한 당신의 행동을 이해하지 못한다. "식료품을 사려면 1~2주 전에 필요한 목록을 작성하고 배우자와 함께 쇼핑할 시간을 정해야 하는데, 왜 혼자서 식료품을 굳이 수요일 오후에 갑자기 사러 나간 거죠? 왜 자기(배우자)에게 말을 하지 않고 나갔죠? 도대체 무슨 말 못할 사정이 있었나요?"

그래서 외국인 배우자(남편)는 당신에게 자꾸만 "왜?"라고 질문할 것이다. 당신은 기껏 두부 한 모를 사가지고 온 걸 가지고 왜 배우자(남편)가 시시콜콜 의심하고 크게 문제를 삼아야 하는가를 이해하지 못할 것이다. 이런 것들이 문화의 차이다.

여러 인종과 더불어 생활할 때는, 아무리 사소한 일이라 할지라도 피차간에 자기의 하는 일과 느낌을 그때그때 솔직하게 밝혀야 한다. 그러니까 서로 신뢰를 잃지 않도록 끊임없이 대화해야 한다. 그것이 유교적 문화의 장벽을 초월한 인류 보편적인 배려와 존경의 생활방식이다.

셋째, 한국 사회는 아직도 장유유서(長幼有序)와 남녀유별(男女有別)을 강조하는 풍토가 강하게 남아 있다. 그리하여 어떤 모임에 부부가 함께 나가더라도 남자는 남자끼리, 여자는 여자끼리 갈라져서 대화하려고 하며 남녀 간에 우정 어린 대화를 심도 있게 나누는 일에 서투르다.

또 어린이를 동석하지 않고 성인들끼리만 모이거나, 어린이를 대동한 모임이라 하더라도 어린이는 어린이들끼리만 교류하게 하여 어른들의 대화 세계에서 소외시킨다.

서양에서는 누구를 초대하거나 모임을 갖는다든지 할 때는 그 개인만 초대하는 게 아니라 그 사람의 가족을 모두 초대하는 게 일상적이다. 서양은 가족중심이고 사생활을 중시하는 사회다.

이것은 나이와 성별의 고하(高下)를 막론하고 모든 인간은 인격적으로 평등하며, 인간적으로 즐거운 시간을 공유할 권리가 있다는 사실을 인정하는 행위다. 지금부터 한국인들도 남녀노소가 참석한 국제적 모임에서는 동석한 모든 이가 함께 즐거움에 동참하도록 한 사람 한 사람에게 관심을 가지고 질문하고 대화하는 자세로 임하도록 유념해야 한다. 가령 동석한 어린이가 제아무리 어린 아이일지라도 어른들끼리 이야기를 나누는 중간중간에 아이를 대화에 참여시키도록 배려해 주어야 한다. 동석한 아이들에게 이렇게 말할 수 있다.

"얘야. 방금 우리는 남한과 북한의 정치에 대해서 이야기를 나누었단다. 너 북한이 어디에 있는지 아니? 집에 가서 지구본을 가지고 북한의 위치를 보여 줄게……."

"얘야. 요즈음 이 아저씨가 하시는 일이 잘 되어서 돈을 많이 버셨단다. 얼마 있으면 이 아저씨가 큰 집을 사서 이사 갈지도 몰라. 그러면 우리도 이 아저씨 집에 초대받아 넓은 마당에서 불고기를 구워 먹을 수 있겠지? 넌 그렇게 되면 어떨 것 같니?"

사교적 장면에서 대화하기

넷째, 한국인은 겸양지덕을 강조한 나머지 감사와 칭찬과 애정의 표현을 자제한다. 그런데 서양에서는 긍정적인 표현을 통하여 상호간에 감사, 칭찬, 애정을 확인받고 기분 좋은 시간을 가지려고 노력한다. 그래서 서양인들은 자기 아내의 사진을 꺼내 보이며 "나의 부인은 미인이다."라고 자랑한다. 그런데 만약에 서양인이 한국 친구의 아내를 보고 "당신 부인은 미인이십니다."라고 칭찬하게 되면 한국인은 "아닙니다. 별로 미인이 아닙니다."라고 대답하는 수가 많다. 동양의 겸양지덕을 알지 못하는 서양인은 당신이 "자기 아내를 별로 예쁘다고 생각하지 않으면서 어쩔 수 없이 함께 부부생활을 하나 보다."라고 간주하고, 측은하고 의아하게 당신을 바라볼 수 있다.

만약에 당신은 한국인으로서 "네. 내 아내는 미인입니다."라고 수긍하는 것이 부자연스럽다고 느낀다면, 동양과 서양의 의식구조를 적절하게 변용하면 좋을 것이다.

"네, 감사합니다. 제 눈에도 제 아내는 참 예뻐 보입니다. 그래서 전 행복하지요."

서양인에게서 매우 감동적인 보살핌을 받았을 경우에 당신은 너무도 감사한 나머지 '감사할' 말을 잃고 말았다고 하자. 이 경우에 당신은 마음속으로 수년간 두고두고 그분의 은혜를 잊지 못하건만 그 서양인은 당신을 아주 무례한 사람으로 생각하게 될 것이다. 당신이 그때 감사의 말을 표현하지 않았기 때문이다.

겸손과 감사는 같은 뜻이 아니다. 그 자리에서 "대단히 감사합

외국인의 칭찬과 잘못된 겸양지덕 및 그 효과

외국인의 칭찬을 수용하기 및 그 효과

사교적 장면에서 대화하기

니다." "정말 감사하여 무슨 말을 해야 할지 모르겠습니다."라고 표현하라. 그리고 후일에 큰 선물로써 보답하려 하지 말라. 감사를 표현할 기회는 영원히 돌아오지 않을 수도 있다.

## 외국에서 구직과 승진에 관련된 자기주장

취업 과정에서 가장 중요한 단계는 면접시간이다. 면접시간에 당신의 모든 것이 돋보이게 하려면 어떻게 해야 할까? 요즈음은 자기 PR 시대다. 외국의 기업체에 취직하려면 긍정적인 자기 PR이 필수적이다. 가령 "당신은 이 분야의 직종에서 어떤 경험이 있습니까?"라는 질문을 받았다고 하자. 당신은 겸손하게 "저는 1년 정도 이 분야에서 일했고 ○○업무를 담당했습니다. 앞으로 최선을 다하려고 노력하겠습니다(I will try to do my best)."라고 말했다고 하자. 이때 '노력하겠다'는 말은 '자신감의 결여'로 지각되어 당신은 불합격될 확률이 매우 높다. 당신은 '자신감이 있다'는 말로써 자기 PR을 해야 한다. "저는 1년 동안 △△업무와 ★★업무를 담당하면서 고객의 문제(예: A/S) 해결에 만족할 만한 성과를 거두어 회사와 고객에게서 크게 인정을 받았습니다. △△업무와 ★★업무라면 저는 자신이 있습니다(I have confidence)."

외국에서 직장을 구할 때는 당신이 그 나라의 국민이 아니라고 하여 취업이 거부되거나 취업 면접의 결과에 대하여 설명해 주지 않는 사례가 발생할 수도 있다. 이런 경우에 많은 한국인은 자기에게 결격 사유가 있어서 취업이 되지 않았을 것이라고 간주하거나 고용주들이 외국인을 차별 대우하는 장벽을 뛰어넘을 수 없을 것이라고 지레짐작한다. 그리하여 자기가 취업 신청을 한 것에 대하여 고용주가 정당한 평가를 했는지, 부당한 대우를 했는지에 대하여 알아보려고 노력하지 않은 채 불합격된 사실을 그대로 받아들이는 경우가 많다. 그러나 당신은 반드시 그 사유를 알아보아야 한다.

미국의 경우는 이민자고 외국인이라고 해서 정당한 이유 없이 구직 신청이 거부될 수 없다는 점을 법률적으로 분명하게 보장하고 있다. 확실한 결격 사유가 없는데 어느 회사에서 당신의 취업을 거부한 경우에는 해당 주(洲)의 민권위원회(Office of Special Counsel for Immigration－Related Unfair Employment Practices)에 연락을 취해야 한다. 그러면 고용주는 국가기관의 통보를 받고 나서 당신을 다시 부르고 자기 직장에 취업자리를 주게 되어 있다. 이와 같이 국가가 보장한 권리를 획득하기 위해서 의젓하고 당당하게 자기주장하는 습관을 익혀야 한다.

예를 들면, 고용주는 국적, 외모, 억양 때문에 취업을 거절하거나 해고할 권리가 없다. 또 영주권이 없다고 하여 고용을 거절하거나 해고할 수 없다. 당신은 합법적으로 노동하는 데 필요하다고 명시한 서류만 제시하면 된다. 그 이외의 서류를 보여 달라고 고용주가 요청하는 것도 불법이다.

외국에서 직장생활을 하는 동안에 일정 기간이 경과하면 당연히 승진되어야 한다. 그런데 고용주 측에서 승진과 승급에 대한

사교적 장면에서 대화하기

언질이 없을 때는 속으로만 차별대우에 대하여 불평할 것이 아니라 고용주와 일대일로 만나서 승진을 요구해야 한다. 객관적인 업무 자료를 고용주에게 제시하면서 그동안 당신이 얼마나 성실하게 일하였는가를 설명한 뒤에 승진의 약속을 받아내야 한다. 만약 승진 신청이 기각되면 다음번에 어떤 약속을 해 줄 수 있는가에 대하여 문의해야 한다. 그리고 다음 시기에 다시 승진 신청을 해야 한다. 이때 유념할 점은 동료 직원의 약점을 들추어내거나 비난하지 말고, 당신의 유능성과 우월성에 대해서만 이야기하도록 한다.

# 사례

## 사례 1  함부로 말하는(성희롱) 형부 다루기

**Q** "저희 형부는 고등학교 때부터 저를 매우 귀여워해 주었어요. 그런데 제가 싫어하는 것은 저를 예뻐한답시고 엉덩이를 토닥거리고 저를 안고 볼에 뽀뽀를 하는 것이에요. 이제는 저도 결혼해서 어엿한 주부인데 아직도 저를 어린애로 취급하는 것 같아요. 어떤 때는 '야, ○○야, 너만큼 가슴이 큰 애도 없을 거야. 네 브래지어 사이즈가 몇이냐?'라고 말해요. 그럴 때마다 내가 불쾌한 표정을 짓지만 형부는 아랑곳하지 않아요. 어떻게 하면 형부가 예의를 갖추어 나를 어른으로 대우해 줄 수 있을까요?"

**A** 이 문제를 가지고 주장적 자기표현, 즉 공감적 주장의 형태로 대화를 시도해 보기로 하겠습니다.

먼저 고려해야 할 사항은 한국의 문화적 맥락에 적절한 주장적 자기표현을 어떻게 하는 것이 좋은가를 일단 생각해 보아야 한다는 점입니다. 유교적 전통이 아직도 강하게 배어 있는 현실 속에서 아랫사람이 윗사람에게 하고 싶은 말을 직접적으로 솔직하게 피력한다는 것은 하나의 모험일 수 있지요. 그러므로 당신은 일단 한국적인 방식, 즉 간접적이고 우회적인 방식으로 자기주장을 하는 것이 현명하다고 봅니다. 그러니까 먼저 언니에게 이 사실을 알려서 언니로 하여금 형부에게 이야기하도록 조처할 수 있습니다. 그 추이를 살펴본 다음에 그래도 형부의 태도가 변화하지 않을 경우에는 본인이 글(또는 이메일)을 써서 자기가 원하는 바를 형부에게 전달해 보세요.

마지막으로 형부에게 직접 터놓고 이야기하는 것입니다. 이때는 약간의 유머와 여유 있는 태도로, 그러나 진지하고 단호하게 자기가 원하는 바를 말하는 것이지요. 또 가능하다면 형부에게서 협조하겠다는 다짐도 받아 내도록 하세요. 공감적 주장을 하는 방법은 대략 다음과 같습니다.

① 상대방의 마음을 읽어 준다

"형부, 형부는 저를 어려서부터 귀여워해 주셨죠. 지금도 제가 형부의 눈에는 어린 학생같이 비쳐져 귀여운 모양이지요?"

② 자기의 마음(욕구와 감정)을 표현한다

"형부가 절 예뻐하시는 것은 참 감사해요. 그런데 저도 이제는 어엿한 주부란 말이에요. 제가 성인인데 함부로 저의 몸에 손대시는 것은 참 당황스럽고 싫어요."

### ③ 공감적 자기주장의 방식으로 자기가 원하는 바를 말한다

"앞으로는 저를 귀여워해 주시되 숙녀를 대하는 매너로 저를 예뻐해 주시겠어요? 신체적인 이야기나 접촉은 일체 삼가해 주세요. 그것은 성희롱에 해당됩니다. 신체적 접촉을 하지 않고 형부가 말로 표현하면 돼요. 가령 '처제 참 반가워. 그래 잘 지냈어?'라고 하시면서 저에게 맛있는 걸 사 주세요. 그러면 저도 형부를 변함없이 좋아할 거예요. 형부! 저하고 약속하시는 거죠?"

참고로 ②와 ③을 합친 형태의 표현법을 '나 – 전달법'이라고 합니다.

### ④ 반복적으로 당신의 요구가 무시될 때는 강력한 조처를 취한다

그렇게 간곡하게 부탁했음에도 불구하고 형부가 당신의 요청을 계속하여 묵살하는 태도로 나온다면 지금부터는 당신이 강력하게 자기를 보호하는 자세로 임해야 합니다.

"형부, 제가 지난번에 저를 품위 있게 대우해 달라고 말씀드렸잖아요. 그런데 제가 원하는 것을 들어주시지 않으니 저는 몹시 불쾌해요. 다음부터는 언니한테 이런 사실을 전부 이야기할 거예요."

## 사례 2 성적인 데이트를 제의하는 서양인에게 대응하기

Q 저는 원어민에게 영어 회화를 배우고 있습니다. 영어를 잘해야 할 사정에 놓여 있어서 영어 공부를 열심히 하고 있고 원어민 교사도 친절한 편입니다. 그런데 당황스러운 문제가 발생하였습니다. 그분은 한국 여성들은 서양인과 잠자기를 좋아한다는 듯이 이야기합니다. 그리고 저에게 '일요일에는 시간이 있느냐? 만나자'라고 합니다. 또 '당신은 어떤 스타일의 섹스를 좋아하느냐?'라고 해요. 어떻게 그런 말을 천연덕스럽게 하는지 정말 괘씸하고 화가 났지만 뭐라고 따질 수도 없었습니다. 또 공부를 중단하고 다른 원어민 교사를 찾으려면 시간 손해가 상당해요. 이런 경우에 잘 대응하는 방법을 알고 싶습니다.

A 일반적으로 한국인들은 데이트 신청이나 성적인 관계에 대한 암시를 받게 될 때 세련된 거절의 방법을 잘 모르기 때문에 미숙한 방식으로 대응하는 수가 많습니다. 상대방과 데이트할 마음이 없으면 정중하게 거절하면 됩니다. 부질없는 거짓말로 "제가 바쁜데요."라고 말하지 말며, 화를 내거나 불쾌한 내색을 할 필요도 없습니다. 그리고 당신 뜻과는 무관하게 성적으로 접근하는 눈치가 보이면 솔직하게 당신의 의사를 밝히십시오. 사무적으로 담담하게, 그리고 짧게 말하는 것이 당신의 품위를 지켜 줍니다.

대강 다음과 같은 내용을 말씀하십시오.

"당신이 나에게 관심을 가진 것에 대해서는 이해할 수 있습니다. 그러나 나는 당신에게 관심이 없습니다. 더 이상 데이트 신청을 하지 말아 주십시오. 우리 둘이는 다만 영어를 공부하는 교사 – 학생으로서 좋은 관계를 유지하고 싶습니다."

"지금 당신과 나 사이에 갑자기 성적인 이야기를 하는 것은 적절하지 않다고 봅니다. 그래서 나는 매우 당황스럽습니다. 나의 성적인 가치관이나 태도는 당신이 알 바 아니므로 그런 사적인 문제에 관해서는 질문하지 마십시오. 나는 그것을 매우 불쾌하게 생각합니다. 나에게 사과하세요. 방금 전에 말씀드렸듯이 우리는 공부하기 위해서 만나는 것이니까 영어 공부와 관련된 이야기를 주제로 삼고 싶습니다."

## 사례 3  사랑하는 여학생의 마음을 사로잡고 싶은 대학생

Q 제가 좋아하는 여학생을 Cuty라고 부르겠습니다. 학교 캠퍼스에서 그녀를 처음 본 순간부터 저는 그녀를 사랑하게 되었습니다. 그런데 Cuty는 저에게 특별한 관심이 없고 다만 같은 대학교의 학생 정도로만 생각하고 있습니다. 저는 Cuty를 절대로 놓치고 싶지 않습니다. 그런데 저는 인물이나 말주변이나 매력 면에서 자신감이 없고, 또 내향적인 성격도 걸림돌이 되고 있습니다. 무슨 수를 써서라도 그녀가 저를 좋아하게 만드는 것이 저의 간절한 소원이고 목표입니다. 저를 도와주십시오. 무슨 방법이 없을까요?

A 학생의 간절한 마음은 잘 알 것 같습니다. 학생은 두 가지의 문제를 풀어 나가야 할 것 같습니다. 첫째로 자신감 결여의 극복과 사람을 사귀는 기술의 개발입니다.

먼저 자신감을 얻고 활발한 성격을 가지려면 어떻게 해야 할까를 간단히 살펴보기로 하지요. 나는 인물도 평범하고 말주변도 없고 매력도 별로 없다고 생각하면 우울해지고 자신감 있게 사람 앞에 나서기가 힘들 것입니다. 이것을 다른 말로 표현하자면 우리의 생각(인지)이 우리의 감정과 행동에 영향을 준다는 것입니다. 그러므로 학생이 자신감 있게 Cuty를 대하려면 자기 자신에 대한 생각을 바꾸어야 합니다. 학생의 머릿속에 자리잡고 있는 생각들을 헤아려 봅시다. 혹시 학생은 여학생에게 인기가 있으려면 남자답게 잘 생기고, 말도 잘하고, 무언가 한두 가지 특기로 사람들의 마음을 사로잡아야 한다고 생각하고 있지 않을까요? 이렇게 '반드시 ~해야만 한다.'는 생각에 사로잡혀서 자신을 그 기준에 의거하여 평가하게 되면 자신감이 사라질 것입니다. 그것은 분명히 손해지요. 따라서 학생은 자기가 가지고 있는 생각의 내용을 먼저 검토하고 이어서 자기에게 해로운 생각을 바꾸어 자기에게 유익하며 힘을 북돋아 주는 방향으로 생각하도록 해야 합니다. 그것을 엘리스(Ellis)라는 학자가 비합리적인 신념체제를 합리적인 신념체제로 대치한다고 표현하였습니다.

따라서 '인물이 잘나야만 여학생에게 인기가 있고 이성의 마음을 사로잡는 것이 아니다. 그보다 더 중요한 것은 진실로 아껴 주고 위해 주는 방식으로 사랑하는 것을 보여 주는 것, 인격이나 인품 같은 것들이다. 나는 인물은 평범하지만 인간적인 매력이 있다.'고 생각하십시오.

또 '말주변이 있으면 참으로 좋을텐데, 내가 언변에 서투른 것이 대단히 애석하다. 그러나 청산유수처럼 번지르르하게 말하고 사람을 웃기는 것이 진정한 사랑의 조건은 아니다. 말은 잘하지 못하더라도 진실성과 성실성이 있고 상대방의 마음을 편하게 해 주면 상대방에게 호감과 사랑을 얻을 수 있다. 나는 그런 사람이다.' 라고 생각하고 자기 암시를 하십시오.

Cuty가 학생에게 무관심하므로 애를 태우고 불안한 생각이 들 때도 '여학생이 몇 번의 만남으로 남학생을 좋아하기란 쉬운 일이 아니다. 특히 여자들에게 연애란 일종의 모험일 수도 있기 때문에 그녀가 신중하게 나오는 것은 당연하다. 설령 Cuty에게서 여러 번 퇴짜를 맞는 한이 있더라도 이성의 사랑을 얻는 데는 필연적인 과정이라고 생각하고 담담하게 받아들이자.'라고 생각하고 이와 같은 말을 자기 독백하십시오.

내향적인 성격을 바꾸기는 매우 힘듭니다. 게다가 제아무리 외향적인 성격자라 할지라도 자기가 좋아하는 이성 앞에서는 공연히 떨리고, 얼굴이 붉어지고, 말도 횡설수설하기 마련입니다. 외향적인 성격자만이 연애에 성공하는 것이 아니며, 내향적인 사람은 은은한 매력과 끈기와 성실성으로 상대방의 마음을 사로잡을 수 있습니다. 이점도 명심하세요.

저자가 '확신과 배짱을 가지고 자기표현하기'에 대해서 저술한 내용을 참고하십시오. 그 내용에 따라 학생은 먼저 자기 마음을 차분하게 가라앉히기 위하여 이완훈련을 하십시오. 그리고 나서 여유 있고 편안한 모습으로 Cuty에게 다가가 대화하는 장면을 머릿속으로 상상하십시오. 또 긍정적인 자기 독백을 연습한 다음에 Cuty를 실제로 만나 대화하기를 실천하십시오.

다음으로 학생은 사람을 사귀는 기술을 개발하도록 하십시오. 그 내용을 소개하자면, 첫째 학생이 그녀에게 진정 어린 호감을 칭찬과 관심으로써 표현하는 것입니다. "Cuty, 오늘은 유달리 산뜻하고 밝아 보여. 마치 오월의 장미처럼. 무슨 좋은 일이라도 있는 것 아닐까?"라고 인사할 수 있겠지요.

둘째, Cuty가 하는 공부, 일, 취미생활 등에 대하여 관심을 표명하는 질문을 자주 하십시오. 질문을 잘하는 것이 뛰어난 대화자의 기술입니다. 만약 그녀가 여행에 관심이 많다면 저렴한 패키지 여행 정보나 여러 나라의 신기한 풍습과 유익한 여행 상식에 대해서 알려 주십시오. 만약에 그녀가 추리 소설 또는 역사 소설 읽기를 좋아한다면 그녀가 읽고 있는 책을 사서 열심히 읽은 다음에 그녀와 함께 그 책에 대한 토론을 하십시오. Cuty가 아르바이트를 하느라고 분주하다면 가끔씩 피로 회복에 도움이 되는 간식거리를 부담감을 느끼지 않는 방식으로 자연스럽게 건네주고, 에너지를 재충전하는 체조 같은 것을 가르쳐 주십시오. 이 모든 것은 Cuty의 세계에 학생이 동참하는 것을 말합니다. 인간은 자기에게 관심을 보여 주고, 자기와 같은 취향을 가지고 사는 사람을 좋아하게 되어 있습니다. 그러니까 학생이 정열적으로 성급하게 그녀에게 다가가지 말며 자기 감정을 자제하고 어느 정도는 감추면서 충분한 시간을 투자하여 그녀의 세계 안으로 뛰어들도록 준비하는 자세가 필요합니다. 행운을 빕니다.

사교적 장면에서 대화하기

참
고
문
헌

김성회 외(1983). 공격적, 소극적인 대학생을 위한 자기주장훈련 프로그램.
학생지도연구, 16(1), 1 – 50. 경북대학교 학생생활연구소.

김성회(1984). 주장행동의 요소. 학생지도연구, 17(1), 11 – 26. 경북대학교
학생생활연구소.

김성회(1990). 비주장행동 원인별 주장훈련 방법이 주장행동에 미치는 효과.
학생지도연구, 19(1), 1 – 37. 경북대학교 학생생활연구소 .

김성회(1993). 주장훈련과 개인성장훈련이 일반인의 주장행동에 미치는 효
과 비교. 학생지도연구, 26(1), 23 – 36. 경북대학교 학생생활연구소.

김창은(1990). 자기표현훈련프로그램이 대인불안 및 자아존중감에 미치는
효과. 한국교원대학교 대학원 석사학위논문.

노진선 역, Ellig & Morin(2001). 자꾸만 똑똑해지는 여자. 명진출판.

박희량(2004). 놀이 중심의 주장훈련이 초등학생의 부끄러움 감소와 주장성
증가에 미치는 영향. 한서대학교 교육대학원 석사학위논문.

배경희(2005). 자기주장훈련 프로그램이 정신분열병환자의 불안, 자기효능
  감 및 주장행동에 미치는 효과. 동신대학교 대학원 석사학위논문.

서은미 역, Borbara Borcklen(2001). 노라고 당당하게 말하는 사람. 청림출판.

석난자(2002). 자기표현훈련이 아동의 자아존중감 및 사회성에 미치는 효
  과. 부산교육대학교 석사학위논문.

설기문(2002). 인간관계와 정신건강. 학지사.

신현규(2001). 주장 프로그램 훈련이 초등학교 남학생의 자기표출에 미치는
  효과. 울산대학교 교육대학원 석사학위논문.

이경선(2003). 자기주장훈련이 대학생의 분노억제와 분노표출의 감소에 미
  치는 영향. 전북대학교 대학원 석사학위논문.

이소현(2004). 놀이중심의 주장훈련 프로그램이 초등학교 3학년의 교우관
  계에 미치는 영향. 신라대학교 교육대학원 석사학위논문.

이형득(1982). 인간관계훈련의 실제. 중앙적성출판사.

전지현(1995). 놀이 중심의 주장 훈련이 국민학생의 부끄러움 수준과 주장
  성 및 사회성에 미치는 효과. 부산대교육대학원 석사학위논문.

청소년대화의 광장(1999). 성폭력피해의 예방과 지도. 청소년대화의 광장.

최웅, 유재만, 홍경자(1980). 자기 표현력 향상을 위한 집단상담. 학생생활연구,
  12, 9 - 26. 전남대학교 학생생활연구소.

한국성폭력상담소(1991). 자라나는 아이들을 위하여. 한국성폭력상담소.

한기연(2001). 분노 스스로 해결하기. 학지사.

홍경자 역, Popkin(1995). 현대의 적극적 부모역할 훈련 - 부모용 지침서. 중앙
  적성출판사.

홍경자 역, Popkin(1995). 현대의 적극적 부모역할 훈련 – 비디오. 중앙적성출판사.

홍경자 역, Popkin(1995). 현대의 적극적 부모역할 훈련 – 지도자용 지침서. 중앙적성출판사.

홍경자 역, Popkin(1996). 십대의 적극적 부모역할 훈련 – 부모용 지침서. 중앙적성출판사.

홍경자 역, Popkin(1996). 십대의 적극적 부모역할 훈련 – 비디오. 중앙적성출판사.

홍경자 역, Popkin(1996). 십대의 적극적 부모역할 훈련 – 지도자용 지침서. 중앙적성출판사.

홍경자(1981). 한국대학생에 있어서 주장훈련의 타당성에 관한 연구. 학생생활연구, 13, 97 – 116. 전남대학교 학생생활연구소.

홍경자(1983). 교도교사 연수에 있어서 Carkhuff 의사소통 기술의 훈련효과. 미국학연구, 8, 23 – 46. 전남대학교 미국문화연구소.

홍경자(1983). 의사소통 기술훈련의 효과에 관한 연구. 학생생활연구, 15, 97 – 125, 전남대학교 학생생활연구소.

홍경자, 노안영(1983). 불안관리를 위한 집단훈련의 효과. 학생생활연구, 15, 79 – 95, 전남대학교 학생생활연구소.

홍경자, 노안영(1984). 지각형성, 자기발표력 및 자아개념에 미치는 자기표현훈련의 효과. 학생생활연구, 16, 75 – 89, 전남대학교 학생생활연구소.

홍경자(1987). 사회적 기술훈련이 사회성과 적응력 향상에 미치는 효과. 학생생활연구, 19, 55 – 72. 전남대학교학생생활연구소.

홍경자(1994). 가정에서의 태도와 성적 피해방지를 위한 성교육. 성교육자료, 182 - 208. 광주직할시 교육청.

홍경자(2001). 상담의 과정. 학지사.

홍경자(2004). 청소년 인성지도. 학지사.

홍경자, 김선남 역, Ellis(2002). 화가 날 때 읽는 책. 학지사.

홍경자, 유정수 역, Mekay & Fanning(2003). 나를 사랑하기. 교육과학사.

홍창희 역, Barenhorst(2001). 당신이 원하는 친구가 되는 법. 학지사.


Alberti, R. E., & Emmons, M. L. (1978). *Your Perfect Right, San Luis Obispo*, CA: Impact Publishers.

Back, G. R., & Goldberg, H. (1974). *Creative Assertion: The Arty Assertive Living*. NY: Avon Books.

Bloom, L. Z., Coburn, K., & Pearlman, J. (1975). *The New Assertive Woman*. NY: A Dell B Publishing Co.

Bower, S. A., & Bower, G. (1996). *Asserting Yourself*. NY: Addison/Wesley Publishing Co.

Ellis, A., & Lange, A. (1994). *How to Keep People From Pushing Your Buttons*. NY: Citadel Press.

Fensterheim, H. (1972). Behavior therapy: Assertive training in groups, In C. J. Sager & H. S. Kaplen (Eds.), *Progress in Group and Family Therapy*. NY: Bruner Mazel.

Galassi, J. P., et al. (1974). Assertive training in group using video feedback.

*Journal of Counseling Psychology*, 21, 390–394.

Goldenberg, I., Goldenberg, H., & White, M. (2003). *Family Therapy*. Wads worth Publishing Co.

Harley, W., Jr., & Wilard, F. (2001). *His Needs, Her Needs: Building An Affair – Proof Marriage*. Grand Rapids, Ml: Fleming H. Revell.

Hong, K. J., & Cooker, P. (1984). *Assertion training with Korean college students : Effects on self–expression and anxiety Personnel & Guidance Journal, 162*, 353–358. American Association for Counseling.

Hong, K. J. (1982). *The Effectiveness of Group Assertion Training with Korean College Students*. Doctoral Dissertation. The University of Mississippi.

Jakubowski, P., & Lange, A. J. (1980). *Responsible Assertive Behavior*. Champaign, Ill: Research Press.

Powell, E. (1991). *To sexual Pressure. Minneapolis*, MN: Camp care Publications.

Smith, M. J. (1975). *When I Say No, I Feel Guilty*. NY: Bartam Books.

저자소개

홍경자(洪京子) 박사는 이화여자대학교 심리학과와 동 대학원 교육심리학과를 졸업하고 미국의 Mississippi 대학교에서 철학박사 학위를 취득하였다. 지난 30여 년간 전남대학교 사범대학 교육학과 교수로 재직하며 상담심리 등을 강의 하였다. 한국대학상담학회(현: 한국상담학회)의 회장직(1995~1997)을 역임하였 고, 10여 년 동안 적극적 부모역할(Active Parenting) 훈련 지도자를 양성해 오 고 있다. 현재 전남대학교 명예교수이고, 한국상담심리학회와 한국상담학회의 이사로 봉사하고 있으며, 상담문화원 '열려라 참깨'(AP 한국본부)의 원장으로 활 동하고 있다. 그동안 약 100여 편의 연구논문과 30여 권의 저서 및 역서를 출 간하였다. 대표적인 저·역서로는 『현대의 적극적 부모역할 훈련』(1995), 『상담 의 과정』(2001), 『청소년의 인성교육』(2004), 『자기주장과 멋진대화』(2006) 등 이 있다.

● 홈페이지: http://www.gocounseling.co.kr
● 이메일: apkoreahong@hotmail.com
● 연락처: 02-521-3250

대화의 심리학 시리즈 **2**

# 자기주장의 심리학

2007년  1월  10일 1판 1쇄 발행
2014년  1월  20일 1판 5쇄 발행

**지은이** | 홍경자
**펴낸이** | 김진환
**펴낸곳** | (주)**학지사** . INNER BOOKS 이너북스
　　　　　121-837 서울시 마포구 서교동 352-29 마인드월드빌딩 5층
　　　　　대표전화_ 02-330-5114　　　　　팩스_ 02-324-2345

**등 록** | 2006년 11월 13일 제313-2006-000238호
**홈페이지** | www.innerbooks.co.kr

ISBN 978-89-958872-2-6 04180
　　　 978-89-958872-0-2(set)

가격 9,900원